I0883930

Presentado a

Por

Fecha

"Steve lo hizo de nuevo. Este vistazo real a las vidas de los adolescentes bíblicos, donde vemos cómo podrían haber soñado y vivido en un día como hoy, ofrece un increíble mensaje de amor, verdad, pureza y libertad. Que gran libro para que los estudiantes reflexionen y a su vez conecten sus vidas".

—JOSHUA OTT, pastor de jóvenes,
Grace Evangelical Free Church, Cressona, PA

"Steve Gerali ha hecho un trabajo maravilloso al tomar adolescentes de la Biblia y contar sus historias de una manera relevante y cautivadora, sin perder la verdad bíblica. Los estudiantes de secundaria podrán identificarse fácilmente con las situaciones que estos adolescentes enfrentaban y aprender de sus historias".

—K.J. STEPHENS, pastor de jóvenes, Orange County, CA

"En lugar de decirle a los estudiantes que hacer, Steve cautiva sus corazones y mentes de una manera que lleva a la transformación y a la esperanza. Me hubiera gustado tener este tipo de apoyo espiritual cuando era un joven creyente en la escuela secundaria".

—ROBIN DUGALL, Director Ejecutivo
Instituto de Liderazgo Juvenil, Azusa Pacific University

"¡No hay nada más deslumbrante para la iglesia que ver a los estudiantes viviendo apasionadamente para Dios! Steve da en el clavo ayudando al estudiante a comprender a quien le pertenecemos. Este libro es una lectura obligatoria para todos los adolescentes."

—TIM BLOCK, pastor general, Canyon Ridge Bible Church, Chandler, AZ

"Steve Gerali hizo un espléndido trabajo al conectar de manera fluida la historia, las Escrituras y adentrarse a la vida de los adolescentes de hoy. Qué refrescante es ver los jóvenes personajes de la Biblia, colocados en nuestro siglo 21 mostrando esperanza a los chicos cristianos que están en la secundaria de hoy en día."

—MICHAEL L. BEATTY, ministro comisionado
Mokualkaua Cong'l Church Kailua-Kona, HI;
Director de programa, Christian Endeavor Hawaii

HAZ AMIGOS, FORTALECE TU FE

ÉXITO EN LA SECUNDARIA

Y PREPÁRATE PARA EL FUTURO

STEVE GERALI

PATMOS

Éxito en la secundaria
Haz amigos, fortalece tu fe y prepárate para el futuro

Publicado por Editorial Patmos,
Miami, FL. 33169

Publicado originalmente en inglés por NavPress en alianza con
Tyndale House Publishers, con el título *How to Stay Christian in High School*
© 2004, 2014 por Steve Gerali

A menos que se indique lo contrario, las citas bíblicas se toman
de la Nueva Versión Internacional, © 1999 por la Sociedad Bíblica
Internacional.

Traducido por Vanessa Valle Flores
Diseño de portada e interior por Adrián Romano

ISBN: 978-1-58802-801-3
ISBN eBook: 978-1-58802-921-8

Categoría: Vida Cristiana/Jóvenes

Impreso en Brasil | *Printed in Brazil*

TABLA DE CONTENIDOS

INTRODUCCIÓN

¿ES REALMENTE POSIBLE SER CRISTIANO EN LA SECUNDARIA?

—Es muy difícil ser cristiano; ¡Lo detesto!—

Ese era Mark hablando, justo después de la reunión del grupo de jóvenes. Mark era un típico estudiante de segundo año: alto, guapo, sano, lleno de energía, con un gran sentido del humor. Al ser extrovertido y amigable, Mark salía con un montón de amigos de la secundaria y de la iglesia, a él le gustaba reír y bromear. Mark también se esforzaba para obtener buenas calificaciones, jugaba al fútbol en el equipo de JV en la escuela y había comenzado un negocio de cortar el césped, así que pudo ahorrar dinero para comprar un auto (cuando obtuvo su licencia). Mark amaba la vida y su entusiasmo era contagioso.

Mark se crió en un "hogar cristiano" desde el primer día de su vida. El fin de semana después de que sus padres lo llevaron del hospital a la casa, todos ellos fueron a la iglesia. Su familia había sido siempre activa en la congregación, por lo que Mark y sus hermanas nunca conocieron una vida aparte de la adoración y la comunión cristiana. Además los padres de Mark estaban súper involucrados en la congregación. De hecho, habían hecho de todo, desde enseñar en la escuela dominical hasta ayudar en los días de limpieza. Así que Mark creció con un amor por el servicio también. A menudo ayudaba siempre que podía y era una parte vital del núcleo de liderazgo del grupo de jóvenes.

Mark escuchó todas las historias de la Biblia en la escuela dominical, y las amó. Lo dedicaron al Señor cuando era un bebé, le pidió a Jesús que entrara en su vida cuando tenía siete años de edad, fue bautizado cuando tenía diez años. Mark dedicó nuevamente su vida a Cristo en un campamento juvenil cuando estaba en el séptimo grado... re-rededicó su vida en el octavo grado... y re-re-rededicó su vida durante al año siguiente en secundaria.

—Era mucho más fácil ser cristiano cuando era pequeño—. Mark continuó diciendo, mientras nos sentábamos en una mesa que tenía varios recipientes de bocadillos sobrantes de la reunión. —Estoy muy confundido, porque muchas cosas sobre esto parecen contradictorias y eso hace que sea muy difícil. Esta no es mi idea de una vida abundante—.

—¿Qué quieres decir, Mark?— le respondí.

—Bueno, por ejemplo, me han dicho toda la vida que los cristianos deben estar *en* el mundo pero no son *del* mundo, ¿verdad?—

—Es correcto, Jesús habla sobre eso en el Evangelio de Juan—.

—Bueno, entonces escucho a mis padres y a mi pastor de jóvenes siempre decir que no debería andar con amigos que no son cristianos, porque no se supone que los cristianos vayan a fiestas o tengan (hace comillas en el aire aquí) *"relaciones de yugo desigual"*. Muchos de mis amigos de la iglesia están siendo educados en el hogar o van a escuelas cristianas, de esa manera pueden permanecer separados de las influencias del mundo. Pero yo estoy en la escuela pública, por lo que mis amigos cristianos se molestan cuando no respondo a las actividades del grupo de jóvenes a causa del fútbol. Mi pastor de jóvenes, incluso me ha confrontado sobre mis prioridades—.

—Pero aquí está la cosa: Cada vez que tenemos un evento evangelistico en el grupo de jóvenes, se nos pide que traigamos a nuestros amigos no cristianos. ¿Puedes creerlo? Esperan que yo dé testimonio ante mis amigos no cristianos. ¿Ves el mensaje mixto?, *¡se supone que no debo tener amigos no cristianos!* ¿Cómo puedo tener amigos no cristianos si no puedo salir con ellos? Si no puedo salir con ellos, entonces sólo serían amigos casuales. Y uno no puede hablar de cosas profundas, sobre la relación con Cristo, con amigos casuales—.

—Lo que quiero decir, es que yo no puedo acercarme a los chicos de mi equipo de fútbol y empezar a hablarles de Jesús así como así. Ellos no me conocen y yo no los conozco lo suficientemente bien como para hablar de cosas profundas. Entonces, ¿cómo le gano a los sentimientos de culpa que tengo por no ser capaz de "testificar" (más comillas en el aire) cuando no estoy lo suficientemente cerca de ellos para hablarles de Cristo?—

Pude ver que Mark se sentía derrotado. Él extendió la mano, tomó un par de galletas saladas, y empezó a jugar con ellas en la mesa mientras seguía pensando.

—Y eso no es todo—, continuó, con una nueva explosión de energía.

—Yo sé que no podemos ser perfectos, pero se espera que seamos perfectos. Se supone que los cristianos son justos y tienen todo equilibrado pero entonces se nos dice que no tenemos que tener todo equilibrado. Sin embargo, la verdad es que se espera que tengamos todo equilibrado. Entonces, ¿cómo se puede esperar que haga algo que no puedo hacer? ¡Este es otro mensaje confuso! ¿Cómo se supone que sea cristiano en la secundaria?—

EXAMINA LOS MENSAJES MIXTOS

¿Te identificas con Mark? Yo definitivamente sí. Él está comprometido y es apasionado por vivir para Cristo. Él realmente ama a Jesús. Por otra parte, yo entendía su frustración. Él se estaba esforzando para ser un cristiano y un adolescente normal en la escuela secundaria. Parecía que esos dos aspectos de su vida siempre chocaban, lo que resultaba en una sensación de derrota.

Puedes ver que Mark es un pensador. Mientras pensaba en las cosas, chocó de frente con los mensajes contradictorios de sus padres y los líderes de la iglesia. Aun así, como me dijo una vez, se sentía culpable de cuestionar las cosas que le habían enseñado cuando era un niño sobre cómo ser cristiano.

¿Qué le podía decir a Mark? Por un lado, le dije que el mismo libro de la Biblia que le dice que se separe del mundo también se le da permiso para cuestionar y objetar las cosas que había aprendido. Por ejemplo, en 1 Juan 4:1, el apóstol Juan dice: "Queridos hermanos, no crean a cualquiera que pretenda estar inspirado por el Espíritu, sino sométanlo a prueba para ver si es de Dios, porque han salido por el mundo muchos falsos profetas." (NVI).

Eso es correcto. Dios te da permiso para poner a prueba las enseñanzas que escuchas. Él fielmente revelará lo que es verdad. Dios no se va a enojar, ni se va a ofender cuando pienses sobre algo que cuestionas con una actitud apropiada o cuando desafíes las cosas que escuchas y aprendes. El Espíritu Santo está renovando tu mente de manera constante y eso quiere decir que Él se está solidificando e internalizando su verdad en ti. Él quiere que tú pienses.

Es por eso que este es un libro para pensar. No es una gran lista de cosas "que hay que hacer". Este libro no va a estar lleno de pasos o fórmulas a seguir para una mejor vida cristiana. Mira, cualquier persona puede seguir una lista o imitar un patrón de conductas y pensar que es cristiano. Ahora, por un momento permíteme explicarte lo que quiero decir con un ejemplo de mi pasado.

Mi herencia familiar es italiana, y soy de pura sangre, 100 por ciento italiano. Mis abuelos, tanto del lado de mi padre como del lado de mi madre, llegaron a Estados Unidos directamente desde Italia. Entonces imagínate cómo me sentí cuando un amigo me dio un libro titulado *Cómo ser un italiano*. El libro enlistaba todas las conductas graciosas y estereotipo que los italianos supuestamente tienen, como el uso de sus manos cuando hablan, o decir ciertas frases como "¿Cuál es tu problema?" u "Olvídate de eso". Puedes ver el cuadro y mi amigo me dijo: "El libro me recuerda de ti".

Cuando pienso en ese pequeño libro tonto, ahora me doy cuenta que debería estar titulado, *Cómo actuar como un italiano*. ¿Puedes ver la diferencia? Un chico como Mark podría tomar el libro e imitar todas esas llamadas "conductas italianas". ¡Pero eso no le haría un italiano, al igual que si actuara como un mono no lo convertiría en un velludo chimpancé, trepador de árboles! El punto es que muchas personas se refieren a las acciones cuando se describe a un cristiano pero actuar como un cristiano no te hace un cristiano, ni te hace mejor cristiano.

La gente puede pensar que lo que hacen define quiénes son. La verdad es que *quién* eres define *lo* que haces.

CÓMO TE PUEDE AYUDAR ESTE LIBRO

Hacer "cosas de cristianos" no te hará más cristiano pero ser cristiano te hará actuar de manera diferente. Por lo que, en este libro vamos a ver lo que significa ser cristiano, *pensar* como cristiano y *comportarse* como cristiano en la escuela secundaria. El método es simple: A partir del capítulo 2, vamos a ver algunos adolescentes reales de la Biblia: María, Daniel, José, los hermanos Santiago y Juan, y a Timoteo. Creo que estos adolescentes entendieron que ser una persona de Dios le da forma a la manera en que se actúa. Estos adolescentes enfrentaron los mismos tipos de presiones y problemas que enfrentas hoy en día, ellos no eran maravillas adolescentes súper-espirituales. No tenían grandes poderes ni una "conexión más especial" con Dios de la que tú tienes. Ellos eran igual que tú y aprendieron a *ser* una persona de Dios y eso dio forma a lo que *hicieron* como pueblo de Dios.

Para ayudarte a ver estos personajes bíblicos como algo real y además ver cómo se identifican contigo, he narrado sus historias con un toque moderno. Me he imaginado cómo podrían haber fluido algunas de sus conversaciones, basándome en una gran cantidad de conversaciones que he tenido con adolescentes de hoy. Pero la cosa es, ¿estás listo para usar tu imaginación también? Te estoy invitando a venir en esta travesía con una mente abierta, dispuesto a pensar las cosas. También te invito a tener un corazón abierto delante de Dios a medida que lees. Voy a pedirte que uses tu imaginación y que veas la vida, las conversaciones y las luchas de estos adolescentes bíblicos. Probablemente vas a ver que tuvieron dificultades para vivir su fe, tal como las tienes tú.

Y te estoy invitando a… *pensar*. Espero que tú reflexiones largo y tendido acerca de cómo todo esto se relaciona contigo de manera personal y en la vida cotidiana. Todos los días, mientras caminas por la escuela secundaria, recuerda que Dios es quien hace la obra en ti. Él te está haciendo fuerte, a través de todos tus altibajos, éxitos y fracasos. Él está totalmente enamorado de ti y tiene un plan para ti que incluye propósito y realización.

Así que vamos a ver de cerca quien eres en Dios. Pídele que te ayude a ver cómo ser cristiano define tu identidad, le da forma a la manera en que piensas y afecta a tus comportamientos.

Pídele a Dios que te ayude a pensar en todo eso.

—Steve Gerali

1

"YO ESTOY" EN CRISTO

—Pareciera que todo esto es acerca de ti y no de Dios, Drew—.

—¿Qué quieres decir?—

—Bueno, es que estás tan concentrado en hacer las cosas bien que tu atención está fuera de foco—.

—¿Quieres decir que no debería hacer nada acerca de mis tentaciones?—, preguntó Drew.

—No, todo lo que digo es: Enfócate en Él, no en los problemas—.

Tengo dos hijas adolescentes. Casi todos los días, mientras crecían, me gustaba decirles algunas cosas que no quiero que olviden. Cuando iban a la cama por la noche, cuando se iban a la escuela cada día, cuando salían durante el fin de semana, yo siempre les decía: —Recuerda de quién eres—.

Un día, un amigo me escuchó y dijo: — ¿En realidad no querrás decir, recuerda quién eres?— y entonces le contesté: —No, yo sé que van a tener que aprender quienes son pero quiero que sepan a quién le pertenecen, quiero que tengan presente que ellas le pertenecen a Dios y a mí—.

Cuando una persona confía en Cristo para salvación, la Biblia dice que le suceden muchas cosas a esa persona, además de recibir la vida eterna. Una de esas cosas es que se convierte en parte de la familia de Dios. Si piensas que todas las personas que han sido creadas son hijos de Dios, estás equivocado. Todas las personas son creación de Dios pero no necesariamente son sus hijos. Piénsalo, Juan 1:12-13 dice: "Mas a todos los que le recibieron, a los que creen en su nombre, les dio potestad de ser hechos hijos de Dios; los cuales no son engendrados de sangre, ni de voluntad de carne, ni de voluntad de varón, sino de Dios." Pablo dice algo parecido en Gálatas 3:26, al declarar que: "Todos ustedes son hijos de Dios mediante la fe en Cristo Jesús."

Sólo la persona que confía en Jesús es un hijo de Dios. El apóstol Pablo se refiere a esto como estar en Cristo. Ser hijo de Dios trae grandes responsabilidades pero también ofrece grandes privilegios. La mayoría de las veces oímos sólo acerca de las responsabilidades y éstas a menudo vienen con una lista de cosas que tenemos que hacer porque llevamos el nombre de Cristo. Ahora no está mal, esas responsabilidades son importantes y vamos a hablar de ellas más adelante en este capítulo, pero si oímos sólo acerca de las responsabilidades, podemos desanimarnos.

Hay privilegios también. Cuando les digo a mis hijas que recuerden de quién son, no sólo estaba recordándoles que cuiden su comportamiento, sino también las estoy animando a que disfruten de la vida familiar.

Así que ahora que está claro a quién le perteneces, ¿estás listo para ver más específicamente acerca de tus propios privilegios y responsabilidades? Vamos a ir examinando tres implicaciones de estar en Cristo. Las dos primeras se centran en los privilegios y la tercera se centra en la responsabilidad. Yo he pensado en tres palabras para ayudarte a recordar esto: pertenencia, procedencia y alianza.

DE QUIÉN SOY IMPLICA PERTENENCIA

¡Recuerdo muy bien el día en que cada una de mis hijas nació! Esos dos días han quedado para siempre grabados en mi memoria. Años después, recuerdo haber pensado: estas dos maravillosas, hermosas, preciosas chicas... ¡me pertenecen!

Entre más pensaba sobre eso, la idea se hizo más profunda. Empecé a pensar que algún día se casarían y cambiarían sus apellidos pero eso no las hace menos mías. Ellas tienen mi ADN, mi código genético está escrito a través de ellas y sin importar lo que pase, siempre me pertenecerán. No pueden hacer nada para cambiar eso.

Eso es exactamente lo que se siente cuando tú le perteneces a Dios. La pertenencia significa que eres de Su propiedad para siempre. Detente y piensa en eso por un minuto. Si tú eres cristiano le perteneces al Dios del universo, el Dios a quien le basta hablar para que las cosas existan, aquel que mantiene todas las cosas en la palma de su mano. Él es el todopoderoso, el que todo lo sabe, el único Dios y tú le perteneces a Él. ¿No te parece que es realmente genial?

Así es como son las cosas: en un momento dado, el pecado que era tu dueño, porque naciste en pecado. En el libro de Romanos se nos dice que a causa del pecado de Adán y Eva, una naturaleza pecaminosa se transmite de generación en generación. Estudia cuidadosamente los versículos que están a continuación para ver cómo se desarrolló este problema generacional... y luego se resolvió por medio de Cristo.

> *Por medio de un solo hombre el pecado entró en el mundo, y por medio del pecado entró la muerte; fue así como la muerte pasó a toda la humanidad, porque todos pecaron. Antes de promulgarse la ley, ya existía el pecado en el mundo. Es cierto que el pecado no se toma en cuenta cuando no hay ley; sin embargo, desde Adán hasta Moisés la muerte reinó, incluso sobre los que no pecaron quebrantando un mandato, como lo hizo Adán, quien es figura de aquel que había de venir.*

> *Pero la transgresión de Adán no puede compararse con la gracia de Dios. Pues si por la transgresión de un solo hombre murieron todos, ¡cuánto más el don que vino por la gracia de un solo hombre, Jesucristo, abundó para todos! Tampoco se puede comparar la dádiva de Dios con las consecuencias del pecado de Adán. El juicio que lleva a la condenación fue resultado de un solo pecado, pero la dádiva que lleva a la justificación tiene que ver con una multitud de transgresiones. Pues si por la transgresión de un solo hombre reinó la muerte, con mayor razón los que reciben en abundancia la gracia y el don de la justicia reinarán en vida por medio de un solo hombre, Jesucristo. Por tanto, así como una sola transgresión causó la condenación de todos, también un solo acto de justicia produjo la justificación que da vida a todos. Porque así como por la desobediencia de uno solo muchos fueron constituidos pecadores, también por la obediencia de uno solo muchos serán constituidos justos. (Romanos 5:12-19)*

Como puedes ver, junto con la naturaleza de pecado vino la muerte, haciéndote una persona muerta... en pecado. Eso significa que tú estabas muerto en pecado (le pertenecías al pecado). La única solución para volver a la vida es estar en Cristo. Cristo tiene que convertirse en tu propietario.

Así que Él te compró: "¿Acaso no saben que su cuerpo es templo del Espíritu Santo, quien está en ustedes y al que han recibido de parte de Dios? Ustedes no son sus propios dueños; fueron comprados por un precio. Por tanto, honren con su cuerpo a Dios"(1 Corintios 6:19-20). Qué gran precio fue pagado para comprarte, ¡la sangre de Cristo! En consecuencia, esto significa que eres muy valioso para Dios. Él piensa que tú eres tan valioso que él te compró al morir por ti. Pertenencia, significa que eres altamente atesorado estimado, apreciado y amado por Dios.

Muchas veces me encuentro con estudiantes cristianos que están en la secundaria que piensan que no valen nada. Satanás quiere que creas esa mentira. Tú no eres despreciable; Jesucristo te compró y pagó el precio más alto que pudo para poseerte. Puede que no seas digno de ese precio pero sin duda estás muy lejos de ser despreciable.

El haber sido comprado y pertenecer a Cristo es lo que los teólogos llaman el acto de redención. La redención no sólo significa que fuiste adquirido, también implica que fuiste comprado y luego fuiste hecho de nuevo y mejorado. Cuando estás en Cristo, continuamente estás siendo hecho una persona nueva. Las cosas viejas, las viejas actitudes, hábitos y comportamientos de la naturaleza pecaminosa, siguen muriendo o en vías de desaparición. Esa persona que Dios está haciendo en ti continúa convirtiéndose en alguien nuevo, más fuerte, más dominante. Como Pablo dijo: "De modo que si alguno está en Cristo, nueva criatura es; las cosas viejas pasaron; he aquí todas son hechas nuevas" (2 Corintios 5:17). ¡Y lo nuevo continúa llegando! Sé que este es un concepto difícil de entender pero piensa en ello como esto: nunca hay un viejo cuando Dios redime, Él sólo continúa haciéndote nuevo. Tú no eres la misma persona que eras hace un segundo porque esa persona se transformó en una nueva persona.

Dios también te recuerda que Él es quien hace todo el trabajo, no tú. Debido a que Él es tu dueño, Él hace el trabajo de perfeccionarte y madurarte. Todo esto me recuerda la conversación de un chico llamado a Drew.

Drew era un típico estudiante de secundaria que creyó que Dios lo había salvado pero Drew se esforzaba mucho para demostrar que él era salvo. Cada vez que lo echaba a perder, él se desanimaba. Un día confronté a Drew sobre sus patrones de pensamiento.

—Sabes, parececiera que todo esto es acerca de ti y no de Dios, Drew—.

—¿Qué quieres decir?—

—Bueno, es que suena como si estuvieras tan concentrado en hacer las cosas bien que tu atención no está en el Dios que realmente está en control de tu vida. Estás confiando en tu propio poder para superar algunos problemas en vez de confiar en el Señor para que te haga de nuevo. Drew, estás más centrado en los problemas y en cambiar que en Dios, que puede controlar los problemas y que ya te está cambiando—.

—¿Eso quiere decir que yo no debería hacer nada acerca de mis tentaciones?—, preguntó a Drew.

—No, eso significa que se debe recordar que Dios comenzó una gran obra en ti y que Él va a completar esa gran obra, como dice Filipenses 1:6: "...el que comenzó en vosotros la buena obra, la perfeccionará..." Todo lo que digo es: Enfócate en Él, no en los problemas—.

Dios es tu dueño y te valora. Y debido a que Él es tu dueño, Él te está haciendo de nuevo todo el tiempo. Qué alivio, ¿verdad?

DE QUIÉN SOY IMPLICA PROCEDENCIA

Un día, un hombre importante vino a Jesús. No quería que nadie lo viera, porque era un líder religioso y maestro. Se esperaba que este hombre tuviese todas las respuestas sobre la vida espiritual. Así que vino por la noche, cuando no había mucha gente alrededor de Jesús, él quería saber: ¿Hay alguna forma que garantice que puedo ser una parte del reino de Dios?

Jesús respondió a la pregunta de Nicodemo diciéndole que tenía que nacer de nuevo. ¡Bueno, puedes imaginarte la reacción de un hombre adulto ante esa respuesta! Nicodemo nunca había oído tal cosa antes. Él nunca había leído acerca de volver a nacer en ninguno de los escritos sagrados. Ninguno de los profetas lo mencionó y Moisés nunca escribió sobre eso en la Ley. ¿Qué quiso decir Jesús?

Nicodemo realmente quería ser parte del reino de Dios y él no lo entendió cuando Jesús comenzó a hablar acerca de ser una parte de la familia de Dios. Pero Jesús le estaba diciendo a Nicodemo que, como miembro de la familia, tú ya eres parte del reino. Jesús le explicó a Nicodemo que necesitaba nacer espiritualmente en la familia de Dios. (Puedes leer toda esta historia en Juan 3.)

Jesús habló sobre algo que el grupo religioso nunca había escuchado. Él les presentó a ellos, y a nosotros, el hecho de que tenemos el privilegio de llegar a ser hijos de Dios. Esa es la procedencia y eso lleva mucho peso.

Los apóstoles Juan y Pablo nos ayudan a entender esto con más claridad. Ellos sabían lo que significaba ser una parte de la familia de Dios. Juan dice que debido a que somos llamados hijos e hijas de Dios esto demuestra que Dios está derramando Su gran amor en nosotros (ver 1 Juan 3:1). Es un amor que nunca nos puede separar de Dios, de acuerdo con Pablo:

> *¿Quién nos separará del amor de Cristo? ¿Tribulación, o angustia, o persecución, o hambre, o desnudez, o peligro, o espada? Como está escrito: Por causa de ti somos muertos todo el tiempo; Somos contados como ovejas de matadero. Antes, en todas estas cosas somos más que vencedores por medio de aquel que nos amó. Por lo cual estoy seguro de que ni la muerte, ni la vida, ni ángeles, ni principados, ni potestades, ni lo presente, ni lo por venir, ni lo alto, ni lo profundo, ni ninguna otra cosa creada nos podrá separar del amor de Dios, que es en Cristo Jesús Señor nuestro.* (Romanos 8:35-39)

¡Piénsalo! Debido a que procedes de la familia de Dios, Él te ama con un gran amor del cual nunca pueden separarte. Ese amor es tan enorme que ni siquiera puede contenerlo con tu mente, es ilimitado. Este amor nunca tiene condición alguna; nunca se puede cambiar, afectar, o quitar. Esto quiere decir nada de lo que puedas hacer podría abollar u ondular el amor de Dios por ti. Llena los espacios en blanco a continuación:

> Pero, ¿si yo hice ______________________________?
> Pero, ¿si yo dije ______________________________?
> Pero, ¿si yo pensé ______________________________?
> Pero, ¿si yo fui ______________________________?
> Pero, ¿si yo intenté ______________________________?
> Pero, ¿si yo ______________________________?

No importa lo que hayas escrito en esos espacios en blanco, Dios siempre te amará.

Por otro lado, Satanás quiere que tú pienses que puedes estropear las cosas cuando se trata del amor de Dios para ti. Él quiere que creas que Dios te amará menos si te equivocas. Eso no es cierto. En el pasaje de Romanos 8 que acabas de leer, Pablo suministra una lista de categorías que incluye casi todo lo malo que se pueda imaginar (además, añade cualquier cosa que no puedas pensar que fue creada), y dice que debido a tu procedencia, ninguna de estas cosas te pueden separar del amor de Dios. Él nunca dejará de amarte, eres su hijo. Eso también significa que Él nunca amará a otra persona más de lo que te ama a ti.

La otra cara de la mentira de Satanás es que, mientras Dios te ama, Él amará más a otros de lo que te ama a ti. Cuando mi esposa estaba embarazada de nuestra segunda bebé, recuerdo que me preocupaba el no poder amar a esta nueva niña tanto como amaba a mi primera hija. Yo amaba tanto a mi primera hija, que no creía que tuviera la capacidad de amar a otro niña con la misma intensidad. Sabes, el problema es que albergamos la idea de que sólo tenemos una cantidad de amor en nosotros y que al utilizarlo se agota. ¡Que ridículo! Aprendí rápido que mi capacidad de amar era mucho, mucho mayor de lo que había pensado. Mi segunda hija nació, y yo la quería al instante y por igual. Y lo más sorprendente es que mi amor por ambas hijas sigue creciendo y creciendo. Ahora, si yo soy un hombre limitado y puedo amar a mis hijas así, ¿cuánto más puede un Dios ilimitado amar a sus hijos?

Mira, Dios no ama a los demás más que a ti, no tienes que competir por su amor y ¡no tienes que ganarlo! Creemos que podemos obtener más del amor de Dios si nos comportamos mejor, esa es una mentira de Satanás. Tú eres un hijo de Dios y esa procedencia significa que eres el receptor de Su gran amor. Es un amor sin límites que no puedes alterar por hacer cosas malas o cosas buenas. Tú lo adquieres todo.

Entonces, ¿yo debería simplemente relajarme y disfrutar de ese amor? No. Hay algo ahí con respecto a expresar un poco de gratitud. Al ser hijo de Dios y recibir todo este amor me hace sentir muy libre y me hace querer hacer cosas para Dios. El amor de Dios me motiva a hacer cosas buenas porque estoy muy agradecido con Él. De hecho, Pablo sintió lo mismo y dijo que es el amor de Cristo que le obliga (ver 2 Corintios 5:14). El amor de Cristo, demostrado con su muerte por mí, es la motivación que tengo de vivir para Él. Su amor me lleva a, o me exige que quiera agradar a Dios.

Espero que estés comprendiendo esto y espero que sientas esa libertad y motivación, también, ya que viene con el territorio de ser hijo de Dios. Toma un minuto y piensa en esto porque hay más.

No sólo tienes procedencia, porque has nacido en la familia de Dios, sino que también tienes procedencia porque has sido adoptado en la familia de Dios. ¡Es el doble golpe indiscutible de la bendición! Tú eres Su hijo porque lo elegiste por la fe y a su vez eres su hijo porque Él te eligió por adopción.

"Adopción" es también un término técnico, teológico en la Biblia y es una cosa súper genial. Pablo habla de esto en el libro de

Gálatas. Él les dice a los creyentes de Galacia que son hijos e hijas por adopción.

> *Así también nosotros, cuando éramos niños, estábamos en esclavitud bajo los rudimentos del mundo. Pero cuando vino el cumplimiento del tiempo, Dios envió a su Hijo, nacido de mujer y nacido bajo la ley, para que redimiese a los que estaban bajo la ley, a fin de que recibiésemos la adopción de hijos. Y por cuanto sois hijos, Dios envió a vuestros corazones el Espíritu de su Hijo, el cual clama: ¡Abba, Padre! Así que ya no eres esclavo, sino hijo; y si hijo, también heredero de Dios por medio de Cristo.* (Gálatas 4:3-7)

La adopción le da a una persona todos los derechos y privilegios de la familia que le adoptó. Esto sucede porque el padre, de gran amor, opta por dar estas cosas. Pablo dice que debido a que Cristo te redimió (te compró-pertenencia), Él te adopta también. Así que ya no eres esclavo del pecado, de Satanás y del mundo. La adopción te da todos los derechos de una persona libre.

Los gálatas sabían de estas cosas porque algunos de ellos fueron alguna vez esclavos o tenían esclavos. Durante el tiempo en que Pablo les escribió esta carta a los gálatas, Roma gobernaba el mundo. Los romanos creían que las personas de Roma eran muy superiores a todos los demás, por lo que a menudo tomaban esclavos para que hicieran su trabajo. El ser un esclavo podía variar desde trabajar para alguien hasta ser encadenado para realizar trabajo duro. Una cosa es segura: un esclavo no tenía derechos. Los esclavos no podían tener propiedades, no podían participar en muchos de los lujos de la época, no podían ir a donde querían o hacer lo que querían. Si un esclavo hacía que el amo se enojara, el amo podía castigar severamente o matar al esclavo. La única forma en que el esclavo o esclava podían llegar a ser libres era que una persona libre les adoptara como hijo o hija.

Si se adoptaba a un esclavo o esclava, él o ella se convertía en parte de la familia y esa persona recibía todo lo que la familia recibía, incluyendo el privilegio de participar en la herencia familiar. Él o ella era llamado por el nombre de la familia adoptiva y era igual a los hijos de esa familia. La adopción era la procedencia y la procedencia era más un privilegio que una responsabilidad.

¡Pablo dice que Dios te adoptó! Y cómo Él te adoptó: "Así que ya no eres esclavo, sino hijo; y si hijo, también heredero de Dios por medio de Cristo." (Gálatas 4:7). Una gran cantidad de estudiantes pierden de vista este punto, así que sigue la lógica de cerca.

Yo escucho a estudiantes de secundaria cristianos decir que su vida es horrible. Ellos piensan que como son cristianos (hijos de Dios) que Dios les va a hacer la vida más aburrida y que no van a tener nada de diversión y que de paso los va a hacer *nerds*. Ellos dicen que Dios no les va a permitir tener buenos amigos.

Eso me suena como a esclavitud. Tú eres el hijo del Rey del Universo, Él te adoptó y llevas su nombre. No sólo eso, Él permite que goces de la herencia que Él tiene en espera para sus amados. Todo lo que tiene es tuyo porque, como dice Pablo, eres un heredero y un heredero es una persona con derecho legal sobre las propiedades, las riquezas y los bienes del padre. Un heredero también tiene el rango que tiene el Padre; por ejemplo, si el padre es el rey entonces el heredero tiene el rango de gobernante. Entonces... ¿qué pasaría si eres adoptado por el Rey del Universo? Si tienes parte en esta herencia y si Dios no escatimó a su único Hijo para adoptarte, ¿el Señor no te dará voluntariamente todas las buenas cosas? La simple lógica dice que Dios me adoptó con el fin de darme cosas buenas, no para tener amigos no amigables, aburridos, mundanos, y del estilo *nerd*.

Procedencia significa que eres parte de la familia de Dios. Él es tu Padre, Él te ama y nada puede cambiar o alterar eso. Tú tienes su ADN espiritual corriendo a través de tu ser. Eres adoptado y llevas

Su nombre, que conlleva una gran libertad. Tú eres heredero de todo lo que es Suyo. En realidad, vas a reinar con Cristo, algún día: "Pues si por la transgresión de uno solo reinó la muerte, mucho más reinarán en vida por uno solo, Jesucristo, los que reciben la abundancia de la gracia y del don de la justicia." (Romanos 5:17).

DE QUIÉN SOY IMPLICA ALIANZA

Cuando entras en una relación con Jesucristo entras en una alianza. Eso significa que tienes una asociación especial con Él en la que compartes cosas y llegas a ser un participante activo en lo que Él está haciendo. Si aún estás reflexionando sobre esto, entonces te estás dando cuenta de que todo esto debe venir con grandes privilegios también, sin embargo, igualmente tiene sus responsabilidades.

Vamos a dejar una cosa en claro de inmediato acerca de las responsabilidades con Dios: las responsabilidades no están destinadas para generar miedo en nosotros; por el contrario, tienen el propósito de llevarnos a las grandes cosas que Dios está haciendo. En ese sentido, el privilegio supera claramente a la responsabilidad.

Veamos cómo funciona. Tú y yo sabemos que Dios está haciendo grandes cosas en todo el mundo todos los días y ha estado haciéndolo desde el principio de los tiempos. Él hace cosas grandes y maravillosas. Al estar en Cristo se te permite ser parte de esas grandes cosas. Dios te hace su compañero y no sé tú, pero yo quiero ser un socio en algo emocionante y grande que Dios esté haciendo... y lo loco es que me permite serlo. Eso es un privilegio y una alianza súper *cool*.

Esto significa que Dios no exige que le hablemos a nuestros amigos acerca de Cristo. Recibimos el privilegio de ser la persona que cuenta la historia. Dios va a hacer algo grande en la vida de las personas en tu secundaria. ¡Él lo hará! Te puedes montar en ese viaje y tener una experiencia de primera mano, cercana y profunda con Dios y lo que hará o puedes sentarte y perderte el viaje. Dios te permite ser Su compañero, así que sé su compañero. Ser el socio de Dios significa que siempre vas a ganar, incluso aun cuando no lo sientas o incluso si no ves el resultado final de forma inmediata.

Pedro nos recuerda que no solo somos compañeros en la herencia de Cristo, sino también en sus momentos difíciles: "Sino gozaos por cuanto sois participantes de los padecimientos de Cristo," (1 Pedro 4:13). ¡Ay! Eso no suena como a diversión y puede que no lo sea pero es mucho más fácil de tomarlo así, cuando sabemos que el final significa que ganamos, porque Dios gana: "Para que también en la revelación de su gloria os gocéis con gran alegría." (1 Pedro 4:13).

Otra forma en que nos encontramos en alianza con Dios es que se nos permite imitar a Dios. Así es, imitarlo. Considera por un momento Efesios 5:1-2: "Sed, pues, imitadores de Dios como hijos amados. Y andad en amor, como también Cristo nos amó, y se entregó a sí mismo por nosotros, ofrenda y sacrificio a Dios en olor fragante."

Imitar a Dios no significa que tengo que pretender ser perfecto o que tengo que caminar como sobre cáscaras de huevo por miedo a que yo pueda hacer algo mal. La única manera de imitar a Dios es en su amor. Incluso en eso, en realidad no reproduzco su amor pero él trabaja a través de mí. Entonces llego a ser socio de Dios en amar a las personas. Es como si yo fuera el conducto a través del cual Su amor fluye, Dios va a derramar su amor a través de mí en la vida de los demás. Cuando Él derrama su amor a través de mí, estoy siendo como Jesús, estoy imitando a Cristo. Esta es una asociación divertida.

Hemos visto varias maneras en que estamos en alianza con Cristo. Veamos una más: La Biblia dice que somos socios en un ministerio de reconciliación. Esto significa que Dios está justificando al mundo con Él mismo por medio del sacrificio de Cristo en la cruz y mientras Él está haciendo eso, Él nos deja ayudar al darnos el papel de ser los representantes de Dios, para explicar lo que Él ya está haciendo. Dios llama a sus compañeros que hacen esto "embajadores". A continuación está cómo Pablo lo explica:

> *De modo que si alguno está en Cristo, nueva criatura es; las cosas viejas pasaron; he aquí todas son hechas nuevas. Y todo esto proviene de Dios, quien nos reconcilió consigo mismo por Cristo, y nos dio el ministerio de la reconciliación; que Dios estaba en Cristo reconciliando consigo al mundo, no tomándoles en cuenta a los hombres sus pecados, y nos encargó a nosotros la palabra de la reconciliación. Así que, somos embajadores en nombre de Cristo, como si Dios rogase por medio de nosotros; os rogamos en nombre de Cristo: Reconciliaos con Dios.* (2 Corintios 5:17-20)

Un embajador es un dignatario, un portavoz, un representante, un invitado de honor en un lugar extranjero (la lista puede seguir pero creo que ya atrapaste la idea). Eso es lo que Dios dice que somos, además dice que Él habla a través de nosotros en el nombre de Cristo para animar a la gente a reconciliarse con él.

Hay mucha gente que tiene sed de amor de Dios, y si estás en esta asociación con Dios, entonces él va a dejar fluir su amor a través de ti. Eso va hacer caer a las personas como si estuvieran bebiendo de una manguera de bomberos. ¡Yo quiero hacer ese viaje!

Hay tanta gente que tiene miedo de estropear la obra de Dios. Una vez más, recuerda que eso es Satanás queriendo robarles su alianza con Dios. La palabra clave es "compañero". Eso no significa que Dios sólo te deja las cosas a ti, Él no está tomando una posición de no intervenir, Él no te pone una trampa para que fracases. Él sigue teniendo y siempre tendrá, en control.

En una ocasión, escuché a un pastor decirle a un grupo de jóvenes que se imaginaran delante de Dios un día… —Tú estás delante de Dios y miras a todos los otros estudiantes de tu escuela allí también.

De pronto, Dios abre sus libros y los nombres de tus amigos no cristianos no están allí. Así que esos chicos tienen que ser echados en el infierno, en el lago de fuego que arde eternamente. A medida que tu amigo es llevado al juicio eterno, ese amigo puede dar vuelta y mirarte a ti y decir: "¿Por qué no me lo dijiste? ¿Por qué no me mostraste el amor de Cristo?"—

Yo quería ponerme de pie y gritar: — ¡Eso nunca va a suceder!— porque no es verdad, ni siquiera está en la Biblia. Romanos 1:20 es claro y dice que nadie tendrá excusa cuando esté delante de Dios. Eso significa que ellos sabrán sin ninguna duda que rechazaron a Cristo, porque Dios los ama y quiere que ellos tengan todas las posibilidades. A nadie van a atrapar desprevenido, porque Dios está en control. Él ama a aquellos amigos que no son salvos mucho más de lo que nosotros los amamos. Y Dios nunca confiaría la eternidad de alguna persona en las manos de un simple mortal. ¿Te puedes imaginar eso? ¿Dios diciéndole a la gente que tienen que ir al infierno porque alguien dejó caer la pelota y no hizo el trabajo? ¿Qué clase de Dios amoroso y que todo lo sabe confiaría la eternidad de una persona a otro ser humano pecador? Eso no es amoroso, ni es inteligente.

Jesús hizo el trabajo. Jesús hace el trabajo. El Espíritu Santo convence a la gente de pecado y les hace entrar en una relación con Cristo. Esa es Su función, no la tuya.

Pero tú puedes ser su compañero en esto. Mira todo esto así. Él está atrayendo a estas personas a una relación con Él mismo y alguien va a tener la oportunidad de ser Su representante, Su portavoz, Su amor, Su compañero. Si tú no lo haces, te perderás esa experiencia que trae tanto gozo y le va a dar a alguien más ese privilegio. Él no quiere que nadie se pierda, por lo que va a llevar las riendas y permitirá que otro sea Su compañero en esta gran aventura. (Por cierto, no vas a estropearlo, porque es una alianza. Eso significa que Él está caminando a tu lado todo el camino.)

Cuando mis hijas eran muy pequeñas, yo les preguntaba si querían conducir el automóvil.

—¡Sí! ¡Sí!— gritaban.

Entonces, las sentaba en mi regazo y ellas agarraban fuertísimo el volante con sus diminutos dedos. Luego, yo manejaba el auto por el estacionamiento, permitiéndoles dirigir. Por supuesto, no podían llegar a los pedales y el auto nunca estaba fuera de mi control. No podían hacer un giro equivocado, porque yo también tenía acceso al volante y yo era mucho más poderoso de lo que ellas eran.

Ellas pensaban que estaban conduciendo el auto. Pero realmente, ¿quién conducía? Mi punto es simple: yo les permitía ser parte de una asociación conmigo, una alianza para conducir ese auto. La alianza con Dios es así y no significa que él hace su parte y tú haces la tuya como si fueras un solista. El hace equipo contigo a través de ti. Cuando puedes mirar a la alianza de esta manera, los privilegios son muy superiores a las responsabilidades.

Entonces, ¿quieres conducir el auto? Piénsalo.

Si quieres mantenerte como cristiano en la secundaria, debes estar absolutamente seguro de A QUIÉN le perteneces.

PARA PENSAR

1. Piensa en la peor cosa que hayas hecho. ¿Eso hizo que Dios te amara menos? ¿Por qué o por qué no? ¿Qué puntos de este capítulo te han ayudado a responder esta pregunta?
2. ¿Qué idea de este capítulo te ha animado más? ¿Por qué?
3. ¿Qué le dirías a un amigo cristiano que se siente sin valor? ¿Por qué?

4. ¿Cómo es que ser compañero de Cristo afecta tu vida diaria?

5. ¿Alguna vez te has preocupado por tu salvación? ¿Qué verdades bíblicas en este capítulo parecieran ayudar?

6. ¿Qué significa para ti que "Jesús hizo el trabajo"? Piensa: ¿Cómo afectará esta verdad tu vida hoy?

2

MARÍA: UNA CHICA REGULAR CON UNA IDENTIDAD IMPRESIONANTE

—Tengo que hablar contigo—.

— ¿Eh?—, él le da un mordisco a una tostada con mantequilla.

— ¿Mmmm?

—En serio papi, es importante—. Apenas mirando por arriba, tan solo asomándose para verla sobre el periódico de la mañana, toma un sorbo de café.

— ¿Qué pasa cariño?—

—Había un hombre en mi habitación anoche—.

— ¡QUÉ!—

Parte del café salpica el ventilador.

Jesús contó una parábola…

Había un hombre que quería construir una casa, así que se puso a investigar sobre algunos lugares para construir. En medio del proceso ve un terreno cerca de la playa ubicado sobre las rocas de un acantilado con vista al océano. El hombre decide comprar el lote rocoso y comienza a construir. Este es un hombre sabio al construir sobre ese fundamento sólido.

Pocos días después que empezó a construir su casa, otro chico vino y pensó que él, también, debía construir un nuevo hogar. Así que miró diferentes lugares y decide que no quiere estar tan lejos de la playa como el hombre que construye sobre las rocas, por lo que ve con cuidado la propiedad frente al mar, la encuentra allí mismo, en la arena. *Este lugar será fantástico*, pensó. *Puedo salir de la cama directo a practicar surf, así como que inmediatamente*. No se detuvo a pensar que el fundamento de su casa era, así, *movible*. ¡Eso no es muy prudente!

Los dos hombres terminaron sus nuevos hogares y disfrutaron de estar cerca del mar. El chico que construyó sobre la arena a menudo miraba hacia arriba para ver el acantilado y al hombre cuya casa estaba sobre la roca. Él pensaba lo problemático que pudo haber sido construir su casa allí arriba. Cada día, cuando quisiera surfear, tendría que cargar su tabla hasta abajo por el acantilado y luego tendría que llevarla todo el camino de vuelta cuando terminaba. *¡Qué fatal!* pensó. *¡Demasiados problemas para poder surfear y no tendría ninguna diversión! Que dicha que tengo con este lugar frente al mar.*

Por otro lado, el hombre que construyó sobre la roca miraba hacia abajo desde su casa y veía el chico en la playa surfeando y tomando el sol casi todos los días. De vez en cuando pensaba: *Tal vez ese tipo de la playa tiene un mejor lugar, parece que realmente se está divirtiendo allí.* Sin embargo, en el fondo, el sabio sabía que hizo lo mejor al construir su casa sobre la roca.

Entonces ocurrió algo interesante para los dos hombres. Una noche, mientras estaban cómodos en su nuevo hogar, disfrutando de un capítulo repetido de *La Isla de Gilligan*, el programa fue interrumpido por un informe meteorológico de emergencia. El huracán Ezequías azotaba en un frenesí justo al lado de la costa. Los dos hombres corrieron a las ventanas para comprobar lo que decían las noticias. Se podía ver la oscuridad, las nubes amenazantes que avanzaban entrelazadas con relámpagos. Los hombres corrieron por sus casas cerrando todas las puertas y las ventanas para tormentas.

De pronto, la tormenta llegó estrellándose como una locomotora fuera de control. La lluvia golpeaba con fuerza, el viento hacía temblar las vigas del techo y el oleaje del océano envió aguas de inundación que rodeaban cada casa. Ninguno de los dos podía esconderse de esta tormenta, solo les quedó sentarse acurrucados en los rincones de sus casas recién construidas.

Luego el chico que estaba sobre la arena de la playa sintió una sacudida repentina. *¡Hey!, ¿*se acaba de mover el *piso?* Contemplando esa aterradora pregunta en la penumbra, empezó a sentir un escalofrío que se arrastraba a lo largo de sus tobillos. Miró hacia abajo y vio las tablas de su piso separándose y agua salada helada que brotaba a través de enormes grietas. A continuación, otra sacudida, y una grieta irregular se abrió a través del techo y comenzó separar los paneles de yeso en la esquina, repentinamente agua *¡en todas partes!*

Otra sacudida hizo que el hombre insensato se diera cuenta de que su bonita casa sobre la playa... ya no estaba en la playa. Se acababa de convertir en el capitán del Titanic y todo su mundo se hundía. Antes de que siquiera pudiera pensar en qué hacer, su casa se vino abajo y se deslizó, tabla por tabla, en el mar.

¿Y qué pasó con el hombre sabio? Se quedó seco en la esquina. De hecho, se quedó dormido, totalmente ajeno a la suerte de su vecino. A la mañana siguiente despertó ante el sol brillante que iluminaba a través de su ventana. Después se levantó, se estiró y se dirigió afuera para ver los daños de la tormenta. Estando ahí, notó que tan solo dos tejas habían volado de su techo pero mientras las recogía del césped, alcanzó a ver la propiedad de su vecino sobre la playa. La casa se había ido, lo único que quedaba era la televisión del hombre, medio enterrada en la arena. El resto de la casa se dispersó por toda la costa y flotaba en alta mar entre las olas. El sabio echó otro vistazo a su propia casa y luego estuvo de pie en silencio sobre el césped durante mucho tiempo, de vez en cuando miraba las dos tejas en su mano.

Creo que puedes ver el punto en la historia de Jesús: Hay dos tipos de personas: los prudentes y los bobos. Tú serás uno o el otro y tú eliges cuál vas a ser. Las dos casas en la historia se construyeron fuertes pero se colocaron sobre diferentes fundamentos.

El fundamento sobre el cuál construyes tu vida tiene que ser uno firme porque las nubes de tormenta se van a formar y la lluvia caerá en la vida de cada ser humano. La tormenta golpeó las dos casas con la misma intensidad para destrozar y también va a golpear tu casa. El resultado dependerá del fundamento. Construir tu vida en Cristo es la respuesta acertada ya que si tienes a Cristo, tú lo tienes todo. Si no tienes a Cristo, todo lo que tengas es nada. Tu identidad debe ser construida sobre la roca sólida de Jesucristo.

Como adolescente, estás empezando a formar una identidad y esa identidad se estira y se modela y se vuelve a modelar a lo largo de tu vida pero ¿por qué no empezar bien el proyecto de construcción?

¿Pero qué es exactamente mi identidad? te puedes preguntar. Es el núcleo de tu carácter. Es lo que eres, la persona que todavía está ahí cuando todo lo demás es quitado y cuando nadie te ve. Está conformada por las influencias que permites día a día y está desarrollada por los valores en los que crees y aprecias. Por ejemplo, yo escucho a un montón de estudiantes de secundaria decir que son cristianos y que están dispuestos a morir por Jesús. Cualquiera puede decir eso, ¿verdad? Pero la identidad se pondrá a prueba cuando el fuego esté encendido, esto quiere decir que si dices que Cristo es un valor y que estás dispuesto a morir por Él, entonces sin duda vas a vivir para él. Te vas a negar a algunas cosas por amor a Él y vas a estar dispuesto a que te avergüencen por Él. Esos mismos estudiantes listos a morir tienen dificultades con eso.

Lo más difícil en el mundo es ser cristiano en la escuela secundaria si tu identidad entierra sus raíces en el fundamento equivocado. Digamos que comienzas a construir tu identidad en lo que haces, como ser bueno en los deportes, obtener excelentes calificaciones, perfeccionar tus talentos artísticos, mejorar tu apariencia o ser de los populares, incluso ser el tipo gracioso. De ser así estás construyendo sobre una base débil y la tormenta se avecina.

El fundamento tiene que ser Dios; de lo contrario, ser cristiano en la escuela secundaria, o en cualquier otro lugar, para el caso, es imposible. Hay una adolescente en la Biblia que parecía saber todo acerca de esto, su identidad se fundamentaba en Dios. Sí, tuvo que enfrentarse a increíbles torrentes de vientos y lluvias, una ciudad entera malentendiéndola y pensando que había estropeado su vida a lo grande. Pero en los albores de un nuevo día, su casa se mantuvo firme.

EL DESARROLLO DE UNA IDENTIDAD CRISTIANA

María era una adolescente promedio. Poco después de su nacimiento, su padre comenzó a pensar en su matrimonio. No me refiero a que comenzó a ahorrar dinero para la boda; sino que estaba buscando a un futuro esposo. La costumbre de la época era que el padre arreglaba el matrimonio de su hija con un hombre cuya familia fuera de buena cepa. Así que, el padre de María desde el primer día buscaba el compañero perfecto para su hija.

Ahora ella es una adolescente, probablemente de unos trece o catorce años. Es lo suficientemente mayor como para que esté comprometida en matrimonio en esa cultura, ya que es físicamente capaz de dar a luz. Para cuando María llegue a los quince o dieciséis años, ella será una mujer casada y tal vez incluso esté embarazada. Esa era la costumbre.

Un día María hizo el recorrido de la escuela a la casa con sus amigas. Todas estaban en la misma situación, todas estaban comprometidas (el prometido de María era un joven llamado José). Las chicas hablaban sobre la cantidad de tareas que tenían, sus programas de televisión favoritos y, por supuesto, sobre sus futuros maridos.

María estaba emocionada por su vida. Algún tiempo antes, ella decidió que su identidad iba a estar fundada en Dios. María podía recordar claramente la noche en que le dio su vida a Dios y le dijo al Señor que podría tener cada pedacito de ella. María quería que Él estuviera en control de su vida y que Él fuera su dueño. Ella le dijo al Señor que estaría dispuesta a hacer cualquier cosa que Él quisiera, dondequiera que Él quisiera y cada vez que Él la llamara. María le dijo a Dios que su tiempo, talentos, capacidades, habilidades y todo lo que poseía: su cuerpo, mente y espíritu, le pertenecían a Él. Ella estaba construyendo una identidad sólida sobre el fundamento más sólido.

Incluso la manera en que María hablaba reflejaba su compromiso con Dios. Ella había estudiado los Proverbios, uno de sus libros favoritos y que fue escrito por uno de sus familiares, el rey Salomón. Debido al estudio de ese libro ella sabía que las cosas en el corazón de una persona tienden a salir por la boca. En otras palabras, tú hablas de los valores que dan forma a tu identidad. No pasaba mucho tiempo en la conversación con sus amigas, antes de que María estuviese hablando sobre la manera que quería ser mujer y esposa que honra a Dios, la que Salomón describe en su libro de la sabiduría (revisa en Proverbios 31:10-31).

Todo el mundo sabía dónde se cimentaba María y admiraron cómo ella hizo a Dios el valor más importante en su vida. Aunque la mayoría de las personas se maravillaban de esta decisión, algunas personas le hicieron la vida realmente difícil por la misma razón. De hecho, unos se burlaban de ella o desafiaban a sus creencias, algunos otros eran francamente crueles y le jugaban bromas o le decían cosas que la avergonzaban. Pero a pesar de todo, el fundamento de María era confiable, ella se había comprometido con Dios. Por supuesto, las tormentas vendrían y su fundamento se pondría a prueba.

MARÍA ENFRENTA UNA PRUEBA DE IDENTIDAD

María llegó a la casa y se despidió de sus amigas, que continuaron hacia sus propios hogares. Mientras se alejaban, les preguntó si iban al grupo de jóvenes de esa noche y todas acordaron verse allí.

En el grupo de jóvenes, el pastor de jóvenes de María, Rob, habló sobre el compromiso con Dios. Se refirió a Proverbios 20:27, que dice: "El espíritu humano es la lámpara del Señor, pues escudriña lo más recóndito del ser." Rob dejó en claro que Dios mira el carácter de una persona y que vamos a hacer las cosas con base en nuestro carácter, no sólo en lo que decimos que vamos a hacer. Él desafió a que se comprometieran lo suficiente con Dios como para morir por Él.

Pero María sabía que la verdadera pregunta que pondría a prueba su identidad no iba a ser: "¿Estás dispuesta a morir por Dios?", la pregunta sería en cambio: "¿Vas a vivir para Él? ¿De verdad le vas a permitir a Él que tenga el control?" Ella pensaba en esto a menudo.

Cuando María llegó a casa después de la reunión del grupo de jóvenes, charló un rato con sus padres, terminó algo de la tarea escolar que era para el día siguiente y se dirigió a su habitación para acostarse. Ella estaba de pie en su habitación, pensando en la charla de Rob mientras se cepillaba el cabello delante del espejo en la habitación, cuando entonces, con el rabillo del ojo, María alcanzó a ver que alguien estaba de pie en la esquina.

Se dio la vuelta, y ¡había un hombre de pie allí!: "Salve muy favorecida", dijo el hombre. "El Señor está contigo". No es necesario decir que eso asustó mucho a María. *¿De qué está hablando?, y ¿quién es?, y ¿qué está haciendo en mi habitación?* pensaba. Ella tenía demasiado miedo como para gritar y no podía correr a ningún lugar porque el hombre estaba entre ella y la puerta. Entonces el hombre dijo: "No temas, María, porque has hallado gracia delante de Dios".

Esto era demasiado para María. Ella no sabía qué pensar ni qué decir pero de alguna manera siente paz sobre la situación. El hombre mencionó dos veces a Dios y debido a que él apareció en su habitación a partir de la nada, María empezó a pensar que en realidad, él es un mensajero de Dios. Por otro lado: *¡Esto es muy extraño!*

Antes de que María pudiera decir una palabra, el mensajero le habló de un plan que Dios tenía para ella. "En primer lugar, tú vas a tener un bebé, va a ser un niño y le debes poner el nombre de Jesús. Él será Grande, el Hijo del Dios Altísimo y reinará sobre Israel en el trono de David, además Su reino será para siempre y no tendrá fin".

Cuando el hombre dijo esto, María comenzó a pensar en lo que sabía sobre el Mesías. A ella le habían enseñado toda su vida que el Mesías vendría algún día y tal vez este era el momento. María y sus amigas anhelaban la venida del Mesías. Ellas no sabían cuándo sucedería pero estaban entusiasmadas con la posibilidad de que pudiera ocurrir mientras ellas vivían. Todos querían estar listos para su venida también.

Cuando por fin llegó a la conclusión de que esto era de lo que este ángel le estaba hablando, ella debe haber pensado: *¡Esto es enorme!* Pero entonces su mente regresó a la primera parte de la declaración del mensajero "...vas a tener un bebé...".

Espera, espera. ¡Esto es diferente! Esto no es por lo que firmé cuando dije que iba a vivir para Dios.

Este fue un punto definitivo, una prueba de la identidad de María. ¿Es ella realmente la mujer que dijo que era? Dios no le está pidiendo que muera por Él; Dios le está pidiendo poner toda su vida al revés para Él.

IDENTIDAD BAJO FUEGO

María respiró profundamente. Hay un pequeño problema aquí....

"Soy virgen. ¿Cómo se supone que voy a tener un bebé?" Esta es una pregunta honesta y está cargada de significado. Recuerda, que ella está comprometida con un hombre llamado José. Las familias han arreglado este matrimonio y han planeado una gran boda para unir a sus familias.

Su pregunta no es sólo sobre sexo. María sabe cómo funciona la concepción; esa es la parte fácil. María está admitiendo que ella y José no eran sexualmente activos pero también sabía que si este niño era el Hijo del Altísimo, entonces José no sería el que la dejaría embarazada. ¡Esto se iba a poner confuso!

Sin embargo, el mensajero celestial le dice que el Espíritu Santo y el poder de Dios vendrían sobre ella y Dios la fecundaría. Puesto que Dios es el Creador de todo y por lo tanto Él está en control de la concepción de todos modos, esto podría ser raro pero no estaba tan lejos de la comprensión de María.

La parte más difícil era lo que María podría estar dando a entender en su pregunta. María sabía que se le estaba pidiendo hacer algo difícil. Creo que su pregunta era más sobre el cambio radical que su vida iba a tener como resultado del despliegue de este impresionante mensaje en los próximos días.

Creo que María estaba pensando sobre su identidad en Dios. Imagínalo. *Está bien, voy a ser una adolescente embarazada. ¿Cómo le voy a explicar esto a mis padres mañana?*

¿Puedes verlo? María ensaya en su mente bajar para el desayuno. Su padre está sentado en la mesa de la cocina leyendo el periódico de la mañana y María se sienta tímidamente y no dice una palabra, al menos por un tiempo pero sabe que, eventualmente, ella tiene que decir algo.

—Papi, tengo que hablar contigo—.

—¿Eh?!—

—En serio, pa. Es importante—.

—¡¿Qué pasa, cariño?!—

—Ummm. Bien. Anoche había un hombre en mi habitación—.

—¡Qué! —, grita mientras se arruga el periódico.

—Espera, papá. ¡Era un ángel, era un ángel, así que cálmate!—

—¿Qué quieres decir, con ángel? Si había un chico en tu habitación anoche… ¡será

mejor que me estés diciendo la verdad señorita o estarás castigada hasta que tengas treinta años!— El café de papá se derrama sobre el mantel y le salpica en la camisa.

—¡En serio papá, te estoy diciendo la verdad! El ángel me dijo que tenía un mensaje para mí de parte de Dios y luego… se fue. Estuvo allí sólo por un par de minutos—.

—Está bien, María, ¿qué está pasando aquí? Un ángel con un mensaje de Dios, ¿eh? ¿Hay alguna posibilidad de que estuvieras soñando? Porque resulta que ahora estoy pensando: ¿Qué quiere decirte Dios, que es tan importante, como para que yo tenga que arruinar mi corbata en la mañana siguiente?— Papá recurre a su normal humor irónico que no es tan divertido. Él todavía parece frustrado y receloso pero hay un poco de alivio en su tono también. Un tonto sueñillo explicaría todo.

María hace una pausa por un momento.

—Papá, él dijo que viene el Mesías—. El papá soltó una risilla entre dientes bastante aliviado ahora.

—Oh, eso es bueno, María, es realmente bueno. Mira, yo estoy tratando de leer el periódico aquí y todos sabemos que el Mesías viene pronto. . . jaja. . . ustedes niños, siempre soñando y bromeando—.

Después de una larga pausa María rompe el silencio de nuevo.

—Papá… hay más, estoy embarazada—. Ella toma sus libros y corre hacia la puerta, con la esperanza de que él realmente no haya escuchado lo que ella pronunció y que tal vez pueda salir de la casa antes de que le caiga lo que sea que haya escuchado.

Sin embargo, en cambio, empieza el predecible monstruo paternal a salir.

—¿Qué?… ¡Detente! … ¡Tú! … ¡Qué! … *Embarazada*?—

Es como si cada molécula en el cuerpo de su padre se hubiese despegado. Él se sale de su asiento, camina de un lado para el otro, dobla y desdobla el periódico, patea algunas cosas pequeñas que están en el suelo y su cara se pone varios tonos de rojo... parece que las venas de la frente fueran a explotar en cualquier momento.

—¡Voy a *matar* a ese José!—

—¡No, papá! No es de José. ¡Fue Dios! —

En este punto, María estaba bastante segura: *Mis padres nunca van a creer esto. ¡Nunca! ¿Dios sobrenaturalmente me dejó embarazada? ¿Quién va a creer eso? Van a estar tan heridos. Entre más trato de explicar, más pensarán que sólo estoy intentando proteger a José o a algún tipo que evocan en sus propias mentes.*

¿Qué voy a hacer?

Después de todo, no hay casos en los que Dios fecundara a alguna persona en el resto de la Escritura. No es que Dios haya hecho esto antes. María está arriesgándose a tener un gran rechazo por parte de su familia en esto. Ella podría tener que verlos estar increíblemente heridos y sin forma alguna de aliviar su dolor. Ella podría tener que vivir el resto de su vida sola y se sigue preguntando *¿Cómo puede estar pasando esto?*

En ese momento María tenía que comprobar quién era. *¿Soy realmente de Dios? ¿Es ahí donde mi identidad de verdad descansa?* Ella sabía que su identidad no podría estar construida sobre la base de hacer felices a sus padres o en lo que pensaba la familia de ella. Tenía que estar construida en Dios, y si ella estaba dispuesta a morir por Dios, sin duda ella podría soportar ser rechazada y estar solitaria para Él.

Justo en ese momento ella tuvo dos estremecedores pensamientos más. En primer lugar, por supuesto, ella se sintió mortificada sobre lo que José iba a pensar. *¡Oh! Él va a estar tan herido y enojado. ¡Ahí va nuestra vida juntos!*

Luego, poco después del desastre previsto, llegarían más implicaciones: ¿Qué pensarán todos los demás? *El chisme saldrá por toda la iglesia, por toda la escuela, por toda la ciudad.*

— ¿Escuchaste? ¡La pequeña María está embarazada!—

— ¡No! ¿En serio? ¡Y ella era una niña tan dulce!—

—Creo que toda esa hablada sobre el compromiso con Dios fue sólo eso, una hablada —.

—Vaya, ¡yo nunca hubiese pensado que estaba viviendo una especie de doble vida!, José también me sorprendió en todo esto—.

—Oh, no, José no es el padre—.

— ¿Él no es el padre?—

—Uh, pues no se sabe quién es el verdadero padre pero imagínate esto, María dice que Dios fue quien lo hizo—.

—¡Vaya, vaya!—

Habrá cejas levantadas y rostros con risillas burlonas, el chisme estará en los pasillos de la escuela. Al parecer, la pequeña María no era quien decía ser.

La gente simplemente no lo va a entender, María pensó. Ella sabía que esto iba a tener algunas malas consecuencias. Las personas a su alrededor, probablemente la juzgarían y tal vez incluso la gente de su iglesia la condenaría. Además, por supuesto, algunos de los padres de la iglesia prohibirían a sus hijos que salieran con María. ¿Los puedes escuchar?

—Tú no vas a salir con esa chica María. Ella es promiscua y engañosa y no voy a permitir que mi hijo o hija sean influenciados por ella —.

María no era estúpida. Ella sabía que esto le podría costar algunas amistades. Ella también sabía que tendría que sufrir la condena de las personas que no lo entenderían y de quienes necesitan sentirse moralmente superior.

Si la identidad de María hubiese sido construida sobre el fundamento de la popularidad y el ser del agrado de todos, entonces esa base hubiera cambiado en unos pocos días y la casa de María hubiese caído. Pero María pertenecía a Dios y su identidad fue fundada sobre la roca. Ella sabía que se enfrentaba a una gran y terrible tormenta;

¡las gotas de lluvia ya estaban golpeándole la cara! Pero si ella estaba dispuesta a morir por Él, entonces ciertamente podría ser juzgada erróneamente, ser condenada y sufrir por Él. *Sin embargo, yo no lo entiendo y sin duda no va a ser divertido. ¿Cómo puede estar pasando esto?*

Otra escena rápida pudo haber irrumpido en la mente de María estando en la escuela. No sólo va a sufrir la burla de sus pares, especialmente de los que siempre han sido particularmente crueles con ella, sino que también tendrá que renunciar a algunas cosas.

RENUNCIAR A LA OTRA IDENTIDAD

¿Qué pasará cuando se le empiece a ver, ya sabes, cuando se le vea el embarazo? Ya no más vestidos bonitos y ese es probablemente el menor de sus problemas. Ella no será capaz de sentarse todo el día a escuchar las lecciones. Ella será tan grande como una casa y los pupitres realmente no están construidos para chicas embarazadas.

¿Y qué si amanece con náuseas en la mañana? Es posible que pierda una gran cantidad de clases, también tendría que estar saliendo *en medio* de un montón de clases. ¿Y qué pasará con el equipo de voleibol? Tendrá que dejar el equipo (una colocadora embarazada no puede jugar muy bien). Probablemente María tenga que renunciar a toda su vida extra-curricular, al igual que a su trabajo de tiempo parcial en el supermercado.

Sí, el embarazo le va a cobrar a su cuerpo. Ella va a ser enorme, estará cansada y tendrá todo ese peso del agua, dolor de espalda, y tal vez un poco de caries dental. María no va a poder estar de pie por mucho tiempo en el supermercado durante las tardes (y, de todos modos, debido a la forma en que los rumores están encendiendo la noticia, su jefe puede tener que dejarla ir por miedo a perder el negocio).

María sabe lo duro que trabaja en el estudio y para mantenerse en forma, y en todas las otras cosas en la vida de un adolescente que exigen disciplina. Está segura de que no será fácil renunciar a estas cosas para adoptar las disciplinas que conllevan ser una nueva mamá. María va a tener un bebé y la vida en la secundaria llegaría a un final dramático porque va a estar planificando su vida en torno a la alimentación del bebé, cambiar pañales y las siestas frecuentes. Sus amigos estarán haciendo planes para sus vidas alrededor del regreso a casa, las pruebas ACT y el baile de graduación. Ella se siente abrumada con la idea de todo esto, así que pregunta: ¿Cómo puede estar pasando esto?

Mientras María se imaginaba su vida sin la escuela, sin el voleibol, sin ropa linda y sin estar en buena forma, es muy probable que le fuera menos difícil lidiar con la idea de tener que renunciar a esas cosas, que con la idea de romper con José, lastimar a sus padres o ser rechazada por sus amigos. Después de todo, ella podía renunciar a cosas por Dios. Sería difícil pero su identidad no estaba construida sobre las cosas; estaba construida sobre Dios.

María no dejaría que el estilo de la ropa, las opiniones de sus amigos, su inteligencia o su talento definieran quién es. Ella es de Dios y sabe que si tiene a Dios, lo tiene todo pero si ella tiene todo y no tiene a Dios, entonces no tiene nada. *¡Puedo renunciar a todo por ti, Dios!* Entonces, debido a que es la temporada de pensamientos temibles en su vida, su mente vuelve una vez más al miedo horrible que ha estado ahí desde el principio de los sucesos extraños… ¡José! *¿Realmente podré renunciar a José, al amor de mi vida? ¿Qué le voy a decir?*

Aunque este matrimonio fue arreglado, María había llegado a querer mucho a José, y él también la quería. Ella y José se estaban entusiasmando con la boda. Habían hablado por teléfono casi todas las noches, planificado la celebración y toda la alegría que seguía en su futura vida en común. María pensaba: *Esto va a ser un gran golpe a su espíritu*. Al igual que todas las otras personas en su vida, ella imaginó que José probablemente no iba a creer que el Espíritu Santo le hizo esto. Sonaba tan sensacional, era algo tan de "por allá" que ella se imaginaba la conversación…

José está llorando incontrolablemente, tanto como ella.

—María, dime la verdad, necesito saber, yo *merezco* saber con quién estuviste—.

—José, te *estoy* diciendo la verdad—.

—No sé si puedo manejar esto—. Él se vuelve hacia la puerta, con los hombros temblando de sus sollozos. —Tengo que irme. No puedo estar aquí contigo—. Y de pronto él sale y se va.

María se imagina que será la última vez que ella verá a José, no puede predecir cómo va a reaccionar ante su historia. Quizás, él puede llegar a estar tan enojado que nunca más querrá volver a verla, puede sentirse tan humillado que se va a vivir fuera de la ciudad, lejos, donde nadie lo conozca, o puede sentirse tan profundamente herido que se llega a enfermar físicamente o a deprimirse hasta el punto del suicidio.

No importa cómo mire el asunto, María debe tener en cuenta la pérdida de José. Aun así, Dios no le pediría hacer algo que podría destruir totalmente toda su vida. Él no le pediría renunciar a todo, incluyendo el tesoro que ella pensó que Dios le había traído. María sabe que si ella tiene a Dios, ella lo tiene todo. ¡Nada más que este asunto está muy *difícil de entender!*

Ella recuerda haber leído sobre Job en la Biblia, el hombre que dijo que iba a confiar en el Señor, incluso si pensaba que eso lo destruiría. La identidad de Job estaba incrustada en Dios. Cuando la tormenta golpeó a Job y las cosas estaban en el peor de los peores momentos, Job llegó a la conclusión de que "aunque él me matare, en él esperaré." (Job 13:15).

María sabía que este embarazo no sólo le afectaría a ella, sino que afectaría a otras personas también, sobre todo a José. María sabía que su identidad no podía descansar en sus relaciones. Ella sabía que

Dios le había dado a José y llegó a la conclusión de que Dios también lo podía quitar. Ella sabía que tenía que contentarse con Dios, por eso si su identidad hubiese sido construida sobre la base de una relación humana, entonces su vida se caería en pedazos si esa relación fuera a desaparecer.

¡Me dolería tanto si José me deja! Pero si tengo a Dios, entonces lo tengo todo.

MARÍA SE ESTABLECIÓ EN SU IDENTIDAD SEGURA

La identidad de María estaba construida en el sólido fundamento de Dios a pesar de que era tan difícil de entender el plan de Dios. ¿Cómo puede estar pasando esto? se preguntaba María.

El ángel le respondió diciendo que nada es imposible para Dios. Estoy seguro de que María sabía eso en su mente, sin embargo, ahora esas palabras realmente deben haber resonado dentro de su identidad. En ese momento se dio cuenta que le pertenecía a Dios y que existía para darle la gloria a Dios. Se dio cuenta de que el plan de Dios era perfecto y que Él estaría en el control de esta situación imposible.

María seguramente recordó una historia que había escuchado en la iglesia sobre su antecesor, el padre Abraham. Dios le dijo a Abraham que su esposa, Sara (que tenía más de noventa años de edad), iba a tener un bebé, al igual que lo hizo con María. Este bebé iba a ser el inicio de la nación de Israel. Cuando Abraham escucha esto, mira a su esposa anciana, y hace la misma pregunta que María: ¿Cómo puede estar pasando esto?

Ahora bien, sería importante señalar aquí que la pregunta de Abraham *era* una cuestión sexual. Él sabía que su esposa no podía tener hijos. Sara escucha que ella va a quedar embarazada a los noventa años, y se ríe. ¡Ridículo! Pero la respuesta que recibe de Abraham es la misma respuesta que se dio a María: "Nada es imposible para Dios".

¡Vaya! Es un déjà vu, va de nuevo, pensó María. Ella sabe que Dios hizo lo imposible en esa situación; ella es una prueba viviente de Su capacidad ya que Sara y Abraham tuvieron a Isaac, quien tuvo a Jacob, quien tuvo doce hijos, que se convirtieron en las tribus de la nación de Israel, tal como Dios lo prometió. María viene de la tribu de Judá y ella estaba viva, porque nada es imposible para Dios. Ese pensamiento debe haber hecho la identidad de María aún más segura.

María se da cuenta de que con Dios ella lo tiene todo, con Dios nada es imposible. Ella sabe que ha sido creada para Su gozo, por lo que ella le contesta al ángel diciendo: "He aquí la sierva del Señor; hágase conmigo conforme a tu palabra." (Mira Lucas 1:38). María se entregó totalmente a Dios, su identidad fue construida sobre Él por completo.

REVISIÓN DE IDENTIDAD, ¿Y TÚ?

Ahora llegamos a la identidad de una persona muy importante: tú. ¿Estás convencido de que si vas a ser un cristiano en la escuela secundaria, tu identidad debe descansar sobre una base sólida? ¿Puedes seguir los pasos de María y dejar que su ejemplo sea tu guía?

No va a ser fácil. Recuerda que María estaba dispuesta a perder a su familia, amigos y a su prometido. Ella sabía que si iba a morir por Dios, entonces ella también podría sufrir por él, o estar sola, o ser juzgada y condenada erróneamente por amor a Él. María sabía que ella estaba segura, aunque fuera rechazada o su reputación fuera calumniada. La vida y la identidad de María se construyeron sobre Dios.

Cuando María dijo: "Hágase conmigo conforme a tu palabra", ella estaba de acuerdo en formar parte del plan de Dios y está intencionalmente alineando su identidad con su voluntad. Por otro lado, si María lo hubiera dicho: "Tengo algunos problemas con esto, así que creo que voy a dejar pasar eso del embarazo esta vez." Ella se hubiera perdido el gran viaje que Dios tenía preparado para ella y al cual Él mismo la iba a llevar. Después de todo, Dios enviaría Mesías al mundo, con o sin María.

Qué hubiera sucedió si María hubiese dicho: "Me encantaría ser la madre del Mesías pero ¿porqué no hablamos de los detalles? ¿Podría esperar hasta que me gradúe? O si eso no es conveniente, ¿podría esperar al menos hasta que la temporada de voleibol haya terminado?" Si esa hubiese sido la actitud de María, entonces Dios podría haber dado esa increíble oportunidad de otra chica. Sin embargo, María lo pensó y debido a que su identidad se fundamentaba en Dios, tomó un paso hacia adelante y creyó que Dios iba a hacer con ella mucho más de lo que ella pudiera imaginarse.

Ella sabía que la tormenta vendría pero su identidad estaba fundamentada en Dios y nada más. Su declaración indica que estaba de acuerdo en ser la mujer de Dios en este plan. Pero aquí está la parte genial, después de que ella está de acuerdo, *María se da cuenta de que ella será bendita entre todas las mujeres de todas las épocas*. Basta con escuchar la emoción en su voz mientras levanta su corazón en agradecimiento y alabanza a Dios:

> *Mi alma glorifica al Señor, y mi espíritu se regocija en Dios mi Salvador, por que se ha dignado fijarse en su humilde sierva. Desde ahora me llamarán dichosa todas las generaciones, porque el Poderoso ha hecho grandes cosas por mí. ¡Santo es su nombre!*
> *De generación en generación se extiende su misericordia a los que le temen. Hizo proezas con su brazo; desbarató las intrigas de los soberbios. De sus tronos derrocó a los poderosos, mientras que ha exaltado a los humildes. A los hambrientos los colmó de bienes, y a los ricos los despidió con las manos vacías. Acudió en ayuda de su siervo Israel y, cumpliendo su promesa a nuestros padres, mostró su misericordia a Abraham y a su descendencia para siempre.*
> *(Lucas 1:46-55)*

Ella dice que su alma glorifica al Señor y que todo lo que ella es, existe para la gloria de Dios. En otras palabras, la única razón por la que vive es para que Dios sea alabado y honrado a través de su vida.

¿No es una forma increíble de vivir? ¿Sabías que esta es la misma razón por la tú existes? Tú eres, (tu identidad), por causa de Él.

Tu identidad es el verdadero tú, o sea la persona que eres cuando nadie te ve. No se puede tener dos identidades. No puedes ser una persona en la iglesia y otra persona en la secundaria (una de esas llamadas identidades será falsa). No puedes encender o apagador la identidad. La identidad brilla a través de las decisiones que tomas, las actitudes que expresas y las palabras que dices. Puedes ver que la identidad de María fue consistente y se impregnó en sus pensamientos, decisiones y acciones.

El ser identificado como cristiano desbanca el ser un hijo o una hija, un amigo, una estrella, un buen estudiante, un empleado o cualquier otro papel que tú juegas. Si quieres ser un cristiano en la escuela secundaria, tienes que hacer a Jesús el fundamento de lo que eres, invítalo a estar en control de cada parte de ti, tu corazón, tu cuerpo y tu mente. Comprende que tú existes para Su gozo.

¡Piénsalo! Tiene sentido decir que cualquier cosa que se desvanezca, que pueda ser quitada o que pueda cambiar, no es una base muy sólida. La única cosa que va a durar para siempre es Jesús. ¿Vas a construir tu identidad sobre esa base eterna?

Si quieres ser cristiano en la secundaria, no puedes prender y apagar una identidad, haz a Jesús el fundamento de quien eres.

PARA PENSAR

1. ¿Cuándo has sido la persona más incomprendida? ¿Cómo lidiaste con los sentimientos?

2. En tu opinión, ¿es más difícil morir por Dios o vivir para Él? ¿Por qué?

3. ¿Cómo ha reordenado Dios los planes de tu vida? ¿Escuela secundaria? ¿Hay cosas a las que tengas que renunciar a fin de mantener tu identidad como creyente? Si es así, ¿cuáles son esas cosas?

4. Lee la parábolas de los dos constructores en Mateo 7:24-27. Nombra algunas de las cosas sobre las cuales los adolescentes construyen sus identidades. ¿Cuáles son las más tentadoras para ti?

5. ¿Cómo puedes saber si una persona está segura de su identidad? ¿Cuáles son algunas de las señales prácticas?

6. ¿Estás seguro de tu identidad como cristiano en la escuela secundaria? ¿Cuáles son algunas de las cosas que te permiten estar seguro de vivir tu fe?

7. Si alguno de tu amigos se burlara de tus creencias durante una discusión de clase, ¿cómo le responderías a él o a ella? ¿Qué te haría responder de esa forma?

3

DANIEL: BAJO NINGUNA INFLUENCIA

Azarías toma uno de los tacos de billar y comienza a meter las bolas en las buchacas de la mesa.

—¿Puedes creer lo genial que es este lugar?—

—Sí, hombre—, dice Ananías, dejándose caer en el esponjoso, acolchado y blando sofá.

—Definitivamente podría acostumbrarme a estar aquí.... Oye, ¿a dónde está el control remoto?—

—Claro es grande—, dice Daniel. —Cuando llegamos, ¿vieron el centro de entrenamiento, jacuzzi y la piscina que están en la planta baja?—

—Chico, ¡esa comida huele muy bien!—

—Ah... pero la ley de Moisés dice que no podemos comer esas cosas—.

—Podemos probarlo, ¿o, no, tu grandísima santidad? ¿Probar es realmente lo mismo que comer?, ¡Oh, vamos!—

Tu mundo está influyendo en ti. ¿Lo habías notado? El mundo está tratando de dar forma a lo que quiere que seas. Esa influencia puede deslizarse bajo el radar porque es muy sutil y poco a poco, empiezas a convertirte en lo que el mundo quiere que seas, en lugar de ser lo que Dios quiere que seas. Sin embargo, nunca he conocido a un chico que diga:

> —*Me desperté una mañana y decidí que iba a hacerme adicto a las drogas partir de ese momento*—.
> —*Un día yo sólo determiné que sería un alcohólico*—.
> —*Ayer por la noche decidí que debería quedar embarazada*—.
> —*En esa hermosa tarde, pensé que la vida era demasiado buena*—.

Nadie dice: Hoy, creo que voy a destruir mi vida. Por el contrario, todos los chicos que he conocido y están en problemas profundos y me dicen que el gran lío que están enfrentando nunca fue parte del plan, nunca pensaron que les podría suceder a ellos.

El apóstol Pablo ofrece una solución: "No os conforméis a este siglo, sino transformaos por medio de la renovación de vuestro entendimiento, para que comprobéis cuál sea la buena voluntad de Dios, agradable y perfecta." (Romanos 12:2). Sin embargo, una gran cantidad de chicos le permiten al mundo que los acomode poco a poco a el hasta que terminan por no ser la persona que querían ser. Las grandes cosas suceden como resultado de una persona que está siendo moldeada por todas las pequeñas influencias que aparentemente son las menos dañinas. Muchas veces estas influencias vienen en forma de influencia de los pares, a esto comúnmente se le llama "presión de grupo". Pero seamos honestos, nadie te presiona para que hagas algo, tú eliges hacer lo que haces. Sin embargo, la presión de los pares puede interferir con ser cristiano en la escuela secundaria y todo comienza con la mente. Así que… ¿Permitirás que Dios esté en control de tus pensamientos?

Un adolescente, Daniel, realmente tenía que trabajar duro en esto. Déjame darte un poco de antecedentes. Cuando Daniel tenía unos catorce o quince años Nabucodonosor gobernaba Babilonia, el país al este de la nación de Israel de Daniel. Nabucodonosor tenía grandes planes para gobernar a todo el mundo, por lo que comenzó con los países que rodeaban Babilonia. Naturalmente, Israel estaba en su lista negra.

Trata de imaginar esto. Un día Daniel está sentado en la clase de álgebra de primer año en la escuela y de repente, las puertas se abren y los soldados de Nabucodonosor entran estruendosamente, armados e intimidantes. De pronto anuncian:

—Israel ahora pertenece a Babilonia. ¡Viva el rey!— Estos mismos soldados miran alrededor del salón de clase y detectan a Daniel junto con algunos otros chicos de buen aspecto y populares.

—¡Vengan con nosotros!— Gritan los soldados mientras sacan a los muchachos fuera del aula. La siguiente cosa que Daniel sabe, es que lo llevan hasta Babilonia como rehén, probablemente pensando, *¿Alguna vez podré ver a mi familia de nuevo?*

La historia nos dice que Nabucodonosor abordó la conquista y expansión de su reino con una mezcla de cerebro y fuerza. Cada vez que tomaba el poder de una nación, primero establecía el mando militar y luego tomaba a los adolescentes más prometedores como rehenes. Él se apropiaba de los adolescentes por dos razones. Primero que nada, si tenía los mejores adolescentes, esa nación no contraatacaría por miedo a matar a sus propios hijos. En segundo lugar, Nabucodonosor podría entrenar a los chicos para que fueran sus embajadores y luego enviarlos de vuelta a su país después de haber hecho la paz. Estos chicos se convertirían entonces en los gobernadores de su país de origen. Por lo tanto, en el plan maestro de dominación del mundo del viejo Nabu, este enfoque que incluía a los adolescentes era un gran método para someter a las naciones.

SIGUE AL GRUPO POPULAR

Daniel tiene miedo. Él no sabe lo que estos soldados tienen en mente cuando se lo llevan como rehén. *¿Vamos a ser esclavos sucios y hambrientos* *para siempre? ¿Nos van a poner ante todos y nos van a decapitar, o nos van a hacer algo peor?* ¡Esos no eran pensamientos felices! Daniel y sus amigos aún no son conscientes del "plan del rey". Cuando a Daniel lo empujan fuera del edificio, ve a un número de chicos inteligentes o atléticos de su escuela y de toda la ciudad y la nación que han sido aprendidos. ¡Esta es una multitud élite de rehenes! Daniel 1:3-4 nos dice acerca de este grupo:

> *Además, el rey le ordenó a Aspenaz, jefe de los oficiales de su corte, que llevara a su presencia a algunos de los israelitas pertenecientes a la familia real y a la nobleza. Debían ser jóvenes apuestos y sin ningún defecto físico, que tuvieran aptitudes para aprender de todo y que actuaran con sensatez; jóvenes sabios y aptos para el servicio en el palacio real, a los cuales Aspenaz debía enseñarles la lengua y la literatura de los babilonios.*

Obviamente, Nabucodonosor tenía estándares altos para sus rehenes. Daniel estaba con lo mejor de lo mejor. Estos chicos era atractivos, inteligentes, atléticos y bien vestidos; eran líderes, probablemente los capitanes de todos los equipos de deportes de la escuela o los del consejo escolar, todos eran con talento natural a los que todo el mundo admira. Estos jóvenes también eran importantes debido a que sus padres eran personas influyentes y probablemente con mucho dinero. Sí, estos chicos eran los mejores entre los adolescentes en Israel.

Nabucodonosor quería que estos estudiantes se capacitaran y recibieran la mejor educación al estilo babilónico. Su plan consistía en darles lo mejor, tratarlos como la realeza y luego establecerlos como sus gobernadores a lo largo de todo el mundo, especialmente en su país de origen. Nabu se los ganaba dándoles lo mejor de todo, por lo tanto, cuando volvieran a casa como los nuevos alcaldes de sus ciudades, estos muchachos iban a convencer a los ciudadanos de que el bueno de Nabu es realmente un gran tipo. ¡Oye, ellos son la prueba viviente!

Uno por uno, cada estudiante fue presentándose ante el oficial de alto rango llamado Aspenaz. Él los mira y les dice cuál es el plan del rey, que van a estudiar en la Secundaria de los Jardines de Babilonia, una escuela privada de élite en la ciudad. También les dice que serían entrenados como embajadores, aprenderían de todos los grandes libros del mundo, comerían la mejor comida y fortalecerían sus cuerpos a través de todo tipo de actividades recreativas.

—Chicos, es todo lo mejor de lo mejor—, les dice Aspenaz. —Así que, únanse al maravilloso plan del rey para ustedes, o... mueran—.

¿Una decisión difícil? Aspenaz lo pondría así: —Tienes una de dos opciones: o bien vives como un rey en los próximos días, o te mueres ahora—.

¿La respuesta era algo obvia, cierto? Pero Daniel debe haber pensado: *Debe haber alguna trampa. ¿Dónde está la letra pequeña de este contrato?*

Entonces Aspenaz la sacó a la luz.

—El poderoso rey Nabucodonosor es un hombre de palabra. Él en realidad desea hacerte un embajador de la nación de Babilonia, estudia mucho y no te resistas (no te va a gustar mucho resistir de todos modos)—.

¿Cómo te sentirías si escuchas esto? Algunos de los adolescentes no lo creían, algunos de ellos se sintieron aliviados pero todos ellos todavía albergaban cierto temor y desconfianza en sus corazones.

Ellos comienzan su largo viaje a Babilonia y durante el camino, los guardias les dicen a los chicos que el plan de Nabucodonosor es en serio.

—Ustedes, chicos punk van a ser embajadores y gobernadores en unos pocos años—, dice uno de los guardias.

—Es mejor que tengas cuidado cómo le hablas a estos chicos—, grita otro. —Puedes estar recibiendo órdenes de ellos muy pronto—.

Luego otro mete la cuchara por allá y dice: —Sí, el rey Nabu les va a dar a ustedes lo mejor de todo. Mis hijos deberían de tener algo tan bueno—.

Una y otra vez durante este largo viaje a Babilonia escuchan la razón por la cual son rehenes. Cuanto más la oyen, se convencen más de que es cierto. *¿Supongamos que es cierto? ¡Vaya! ¡Yo, un gobernador a lo grande!*

Cuando llegan a Babilonia, el mismo rey les da la bienvenida.

—Todo es cierto—, les dice y continúa: —Van a ser mis embajadores en el mundo. Yo les haré muchachos y señoritas poderosas—.

Daniel mira a su alrededor a este grupo popular y de élite. En cierto modo se siente muy bien porque estos son los chicos más fantásticos que conoce. Sin embargo, todavía no acaba de confiar en Nabucodonosor y esto lo hace precavido. Algunos de sus amigos, sin embargo, están empezando a amar esta idea. Todos ellos, incluyendo a Daniel, han oído hablar de los métodos extravagantes de Nabucodonosor para entrenar a sus embajadores y muchos de los rehenes empiezan a expresar que se sienten encantados con estos preparativos.

—¡Oye, esto es súper *cool!*—, dice un estudiante. —Estamos por nuestra cuenta—.

—No puedo creerlo, no hay padres o maestros que digan qué hacer—, dice otro.

—Es una especie de campamento pero aún mejor: somos totalmente independientes—.

Sigue imaginando. Nabucodonosor les dice que van a tener lo mejor de todo y hace los arreglos para que los chicos vivan en el nuevo hotel de cinco estrellas Torre de Babilonia Hilton, mientras asisten a la escuela secundaria. Cada uno de ellos puede elegir su propio compañero de cuarto.

—Van a tener un mayordomo personal y una mucama para la limpieza para cada habitación. Una vez que se instalen, el mayordomo les llevará al centro comercial donde pueden comprar ropa nueva, lo que quieran; el dinero no es problema. Después de todo, queremos que se vean de lo mejor porque creemos que son lo mejor—.

Daniel y sus amigos comienzan a pensar que suena demasiado bueno para ser verdad. Nabucodonosor les recuerda que él realmente es un gran tipo y que están en la

Escuela de entrenamiento para ser gobernadores. De manera lenta pero segura, esta verdad comienza a hacerse parte de los chicos y ellos comienzan a disfrutar de su nueva vida.

El rey les dice que les van a asignar un tutor personal para que se reúna con ellos todos los días. Ese tutor los va a educar en las costumbres y la lengua de los caldeos (los habitantes de Babilonia).

—El tutor será su maestro principal por los próximos tres años. Al finalizar los tres años, habrá un examen final. Si pasan, van a entrar en mi servicio personal como gobernadores—.

Daniel y sus amigos empezaron a darse cuenta de que este tipo y la nueva vida eran en serio. Él tipo realmente quiso decir lo que dijo y realmente los respetaba. Él les estaba dando lo mejor de todo. *Tal vez esto de ser rehenes no es un mal negocio, después de todo.*

AL ESTAR TAN, TAN CÓMODO

Daniel y su amigo Azarías deciden que van a ser compañeros de cuarto. Llegan a la Torre Babilonia Hilton y encuentran que su habitación (como la de todo el mundo) es una enorme suite de conexión. Ellos pasan por las puertas de su suite y llegan a una sala de estar de lujo, con televisión por cable, computadora, lo último en sistema de sonido envolvente para CD y DVD, Xbox, mesa de billar y un refrigerador cargado con unas cosas buenísimas para comer. Mientras que Daniel y Azarías están encantados por lo sensacional que es el lugar, sus amigos Ananías y Misael vienen saliendo de la habitación que comparten.

— ¡Hey!, ¡somos compañeros de suite!—, grita Misael.

— ¿Pueden creer lo fantástico que es este lugar?— dice Azarías mientras toma uno de los tacos de billar y comienza a meter bolas en las buchacas.

—Sí, hombre—, dice Ananías, dejándose caer en el esponjoso, acolchado y blando sofá. —Definitivamente podría acostumbrarme a estar aquí—.

Era mucha la emoción. Todos andaban corriendo por los pasillos del hotel, revisando las habitaciones de cada uno. Esto continuó durante toda la noche y nadie vino a decirles que tenían que estar en silencio o que tenían un horario límite para "apagar las luces". *Tal vez el Viejo Nabu va a mantener su palabra, ¡lo que es una gran oportunidad para nosotros!*

A la mañana siguiente, los adolescentes se levantan y descienden hasta el vestíbulo donde son acompañados a un gran comedor. Nabucodonosor y Aspenaz están allí para recibirlos. De pronto, se abren las puertas de este impresionante salón comedor y revelan las mesas cargadas de alimentos, los mejores alimentos gourmet. Huele súper delicioso y se ve tan bien, que todo el mundo corre al salón y comienzan de una vez a comer. Este era un festín digno de un rey… o al menos para un grupo de embajadores jóvenes en formación.

¿Cómo te sentirías si estuvieras ahí? Sólo piénsalo por un momento. Estás muy lejos de casa, tus padres no están ahí para vigilarte y estás viviendo en el lugar más extravagante que uno pueda imaginar, con un montón de tus viejos amigos y un montón de nuevos amigos, todos los cuales son los adolescentes más atractivos, geniales y más populares de todo el país. Lo "mejor de lo mejor", como dicen.

¿Crees que tratarías de vivir de la manera correcta? ¿Te asegurarías de seguir obedeciendo tu límite de horario, incluso si tus padres no están allí para verificar lo que haces? ¿Todavía ordenarías y limpiarías tus cosas, a pesar de saber que tienes una criada? ¿Crees que tus actitudes cambiarían? ¿Crees que bajarías la guardia un poco en algunas de las reglas que sabes que son correctas? ¿Comprometerías tus estándares si tus amigos empiezan a poner en riesgo los de ellos? Bueno, eso fue lo que le sucedió a los chicos de Israel.

Mira, la Ley de Moisés (los primeros cinco libros de la Biblia) decía que ciertos alimentos estaban bien pero otros alimentos estaban definitivamente fuera del menú, como la carne de cerdo o los mariscos. Así que... cuando Nabucodonosor les pasó el buen, tocino crujiente o la deliciosa y cremosa sopa de mariscos, ¿ellos debían arrugar la nariz? Pero, ¿cómo se sentiría el rey sobre eso, yo actuando como un pretencioso ingrato?

Al final resultó que, el mundo de Nabucodonosor comenzó a estrujarlos en su molde. ¿Puedes escuchar la conversación en la mesa?

—La Ley dice que no hay que comer estas cosas, chicos—.

—Pero podemos probarlas, ¿o no?—

—Bueno... Supongo que es sólo comida, una cosa pequeña. No es un gran problema —.

— ¿Y por qué alterar al rey por un camaroncito? ... ¿Dan, ya probaste la salsa del cóctel? ¡Está increíble!—

Prueban... y les gusta. Uno por uno los adolescentes comienzan a ver que los que están comiendo se están "divirtiendo". No sólo era el mundo de Nabu que los estaba estrujando en un molde sino que también la presión de los compañeros los estaba empujando. Tú y yo sabemos cuál es el plan, porque hemos estado ahí y lo hemos llevado a cabo. Los chicos racionalizan que no estaría de más hacerlo también y lo siguiente que saben es que han cedido en una "pequeña cosa".

TEN CUIDADO CON LAS PEQUEÑAS COSAS

Incluso las concesiones más pequeñas son peligrosas. El asunto es que tienden a llevarte a más y más concesiones, y al final terminamos con un gran problema en el camino.

Tal vez te estás dando cuenta de que es necesario que tengas una visión más amplia con respecto a las pequeñas cosas que hay en tu propia vida en el presente. Si quieres ser un cristiano en la escuela secundaria, tienes que evitar hacer concesiones. Algunas de esas pequeñas cosas incluyen la forma de vestir, cómo tratas a los profesores y padres, y cómo hablas cuando estás con amigos.

Por supuesto, no estoy escribiendo con el fin de decirte lo que tienes hacer, yo solo espero ayudarte a pensar. Tú ya sabes cuando estás haciendo algo que no es correcto, porque como cristiano tienes al Espíritu Santo viviendo dentro de ti. Él te convence de lo que es correcto e incorrecto, Él es el que te revela tus motivos y en medio de todos los problemas que enfrentas cada día, Él está renovando tu mente.

Un día Emily entró en mi oficina porque estaba enojada con sus padres.

—Son anticuados y conservadores. Ellos no quieren que me ponga algunas de las camisetas que he comprado en el centro comercial, dicen que las camisetas son demasiado apretadas y que no les gusta que se vea mi barriga. No es la gran cosa, ese es el estilo de hoy en día—, terminó de decir Emily.

Entonces le pregunté: —Emily, aunque sea el estilo de moda ¿debes usarlo?—

—No es una cosa sexual—, respondió ella.

—Tienes razón, es una cosa de obediencia—, le contesté. —Hay que obedecer a los padres, independientemente del asunto—.

Unas semanas más tarde, la madre de Emily se reunió conmigo para decirme que Emily estaba castigada y que no podía ir al viaje que teníamos previsto al parque de diversiones para ese fin de semana. Al parecer, Emily le había dicho a sus padres que iba a devolver las camisetas.

Pero no lo hizo.

En lugar de eso, Emily llevó las camisetas a la escuela y las mantenía en su casillero. Entonces salía de la casa vestida para complacer a sus padres pero una vez que llegaba a la escuela, ella se cambiaba con la otra ropa que es "lo último de la moda".

Un día, la madre entró en un lugar de comida rápida con algunos de sus amigos para almorzar. Y resulta que Emily estaba allí con amigos de la escuela y con la ropa que su madre pensaba que estaba de nuevo en los estantes de las tiendas. Las acciones de Emily la habían metido en aguas más profundas, porque ahora tenía que trabajar en la recuperación de la confianza de sus padres, mientras le hacía frente a las consecuencias de la desobediencia. Emily simplemente no *pensó* que le sucedería a ella. Lo que había sido una pequeña concesión se convirtió en un problema de confianza más grande.

SÉ TRANSFORMADO, NO TE AMOLDES

Por ahora, volvamos a la historia de Daniel. Cuando los chicos regresaron a su habitación, Daniel tuvo una charla con sus amigos. Él pudo haber dicho algo como: —Chicos, esto no está bien. No podemos comer esos alimentos, simplemente no honra a Dios—.

—Tienes razón—, dice Misael. —Pero la comida se ve y huele tan bien... ¿realmente piensas que eso importe?—

—Aun si no importara, tenemos que poner a Dios primero y obedecerle—.

—Bueno, ¿qué debemos hacer?—, pregunta Azarías.

—Todavía no estoy seguro—, dice Daniel. — ¿Pero no deberíamos al menos orar para pedir sabiduría?—

A la mañana siguiente cuando se despiertan Daniel se reúne con los chicos en la sala de estar de su suite y les dice acerca de una idea que tiene. El piensa que deben preguntar si pueden comer sólo las cosas que su Biblia les permite.

— ¿Qué pasa si no nos lo permiten?—, pregunta Ananías.

—Bueno, tenemos que permanecer juntos y simplemente seguir orando y hacer lo correcto, incluso si no nos dejan—. Si tú lees la historia bíblica en Daniel 1, Daniel le pregunta a Aspenaz si pueden estar exentos de comer de los manjares del rey. Y Aspenaz dice: —No—.

Entonces Dios le da a Daniel sabiduría, Él renueva la mente de Daniel y al joven se le ocurre un plan. Daniel reta al encargado y le dice:

—¿Qué pasaría si nos da diez días la comida que queremos y al final de los diez días, nos puede examinar para ver si estamos tan sanos y fuertes como el resto del grupo? Si no estamos como los demás, entonces usted toma una decisión sobre lo que debemos hacer. Pero, si estamos realmente más saludables, entonces permítanos seguir con el plan y comer la comida que la Ley nos permite comer—.

Aspenaz pensó que era una buena idea, por lo que estuvo de acuerdo. Al final del plazo de diez días todos, Daniel, Ananías, Azarías y Misael, se veían (y estaban) más saludables y más fuertes que cualquier otro chico. Aspenaz les permitió permanecer con la dieta y ellos se mantuvieron fieles a Dios.

La presión y las influencias que tienes hoy no son mayores a la presión e influencia que tuvo Daniel. De hecho, la influencia de sus pares puede haber sido incluso más fuerte que algunas de las influencias que puedes encontrar hoy en día. Se encontraban en una situación que les permitía hacer muchas más concesiones, debido a que los controladores no estaban. Cuando llegaban a ese salón comedor todos los días, sus amigos estaban comiendo lo que quisieran mientras que a Daniel y los chicos les estaban sirviendo comida diferente. Estoy seguro de que Daniel fue visto como un alborotador y hasta se burlaban o ridiculizaban.

— ¡Mira! Este chico piensa que los perros calientes son malos para ti. ¿Cuál es el problema Daniel, eres demasiado quisquilloso como para comer algo con sabor?—

—Hey, Daniel, ¿tienes miedo de que tu mamá te sorprenda comiendo algo que no deberías?—

— ¡No puedo creer que pienses que Dios te va a sorprender fuera de forma por haber comido un poco de tocino! ¡Eres un aburrido, Danielito!—

— ¡Oh cielos! Este jamón está deeeee-li-cioso. ¿Quieres un pequeño bocado para acompañar tu cazuela de queso, Danielucho? ¡Ah! ¡Vaya, que perdedores!—

—Creo que esos chicos Kosher piensan que son demasiado buenos para nosotros, incluso no pueden sentarse en la misma mesa. Pues bien, ¡olvídense de ellos!—

Estoy seguro de que Misael y Ananías quedaron metidos en un montón de debates acerca de por qué no estaban comiendo la comida rica. Estoy seguro de que Azarías luchó un montón de batallas internas, porque era fácil de racionalizar que la comida era sólo una pequeña cosa. No es diferente hoy en día, ¿verdad? Daniel y sus tres amigos sintieron la influencia de los otros llamados amigos, tal como tú la sientes. Estos eran adolescentes normales con los deseos normales de la adolescencia. Pero ¿puedes realmente ser cristiano en la escuela secundaria sin negarte, en algún momento, a ajustarte a las normas del mundo?

¿ERES FACTOR DE INFLUENCIA, O SIMPLEMENTE ERES INFLUENCIADO?

Aquí está la gran pregunta que te puedes hacer a ti mismo: ¿Cómo puedo ser un factor de influencia en mi mundo, en lugar de ser sólo una *persona influenciada por otros*? Voy a sugerir cinco respuestas o maneras en las que puedes prepararte para la inevitable avalancha de influencias cuestionables.

1. Tomar una decisión...camina de frente. Se inicia con una mirada a Daniel 1:8: "Y Daniel propuso en su corazón no contaminarse con la porción de la comida del rey, ni con el vino que él bebía." Me encanta este versículo. Daniel se determinó, se propuso, llegó a una decisión consciente previamente. Si quieres ser un cristiano en la escuela secundaria, tienes que investigar la ubicación de las minas terrestres que están delante de ti, las que están en tu camino, y decidir evitarlas. Recuerda Romanos 12, todo se trata de tomar la decisión de ser una persona que honra a Dios y de permitir que Dios continúe renovando la mente junto con los pensamientos. Daniel determinó que él no iba a ser moldeado en el hombre que Nabucodonosor quería; en cambio, él sería moldeado en el hombre que Dios quería. Incluso si el tema en cuestión parecía ser "una pequeña cosa".

¿Qué decisión debes tomar? John, un estudiante de segundo año, me dijo que estaba en una relación no tan buena con una chica y que le está alejando de crecer más cerca del Señor. Yo tenía curiosidad por saber por qué estaba sucediendo eso (porque a menudo pienso que culpamos de nuestros problemas espirituales a los demás). John dijo que él y su novia estaban "dejándose llevar demasiado en lo físico". Dijo que sólo iniciaron con pequeñas cosas pero luego comenzaron a hacer más y más cosas que se estaban saliendo de control. Le pregunté si había hablado con la chica sobre eso y me dijo que sí. —Pero ella no cree que haya algún problema en lo absoluto, ella piensa que las cosas van bien. Sin embargo, me siento como si estuviera cediendo cada vez más—.

John me dijo que había orado al respecto y sentía que debía terminar la relación con su novia.

—Entonces, ¿por qué no haces eso?—, le pregunté.

—No puedo, porque estoy que voy y vengo entre terminar la relación y no terminar. A veces pienso que no es la gran cosa porque no hemos llegado hasta el final todavía. Otras veces, estoy bastante seguro de que Dios no está complacido con esta relación—.

Mi consejo para John fue que él hiciera lo que hizo Daniel. Decídete; establece tu voluntad en hacer esto; propón en tu corazón hacer lo correcto. John decidió romper la relación esa noche. Y sí, fue difícil hacerlo pero él decidió seguir al Señor en ese asunto.

Dios puede o no puede estar llevándote a cambiar las relaciones que tienes. Ahora, si es así, puede ser algo difícil de hacer. Independientemente del asunto de hacer concesiones, puede ser muy difícil cambiar las relaciones que tienes. Esa es la prueba. ¿Tomarás la decisión de serle fiel a Él? ¿Vas a determinar en tu corazón hacer lo que Él quiera, previamente?

2. Toma una decisión: ¿Quién es el más fuerte aquí? Cuando estás con ciertas personas, es como si estuvieras en un sube y baja de influencias. Tienes que decidir si tu propia fuerza de carácter y los valores bíblicos que asumiste como cristiano van a pesar más que las cosas de ellos. ¿Quién va a terminar por influir en quién?

En otras palabras, al entrar en cada situación y relación, tienes que observar todo y preguntarte: *A largo plazo, ¿quién es probable que gane la batalla de influencia aquí?* Si las influencias que te rodean son más fuertes que la influencia que Dios quiere tener en ti, entonces estás en problemas.

Dios llama a sus hijos a ser luces en la oscuridad. Eso significa que tú no evitas la oscuridad, en otras palabras, no evitas al mundo que te rodea. Esto significa que tú te conviertes en una influencia más fuerte que la del mundo que te rodea. Si no puedes ser una influencia más fuerte en tus amigos no cristianos, entonces deberías reconsiderar tu deseo de pasar el rato constantemente con ellos. Daniel tenía tres amigos piadosos con los cuales se rodeó. Si se lees el libro de Daniel verás que oraban el uno por el otro y se sostenían juntos por lo que era correcto. Eran amigos que se influyeron entre sí para mantenerse cerca Dios.

3. Elige sabiamente tus amigos. Suena obvio, ¿verdad? Si quieres ser un cristiano en la escuela secundaria tienes que rodearse de amigos que aman a Jesús y quieren agradar a Dios. Lee la última frase de nuevo. No he dicho que te rodees de una gran cantidad de cristianos. Lamentablemente, muchos adolescentes cristianos demuestran con sus actitudes y acciones que amar y agradar a Jesús no es una prioridad en sus vidas. El hecho de que una persona sea cristiana no significa que él o ella vaya a ser una buena influencia para ti.

Muchas veces he escuchado que los adolescentes dicen que les gustaría ir a una escuela cristiana debido a que hay mejores influencias allí. Y es cierto que el plan de estudios y los profesores estarán orientados hacia una visión de mundo más ética o bíblica, sin embargo, la verdad es que lo mismo que sucede en una escuela secundaria pública, sucede en una escuela secundaria cristiana. He hablado con un sin número de chicos que dicen que su lenguaje es peor con sus amigos cristianos, o que se emborracharon con sus amigos cristianos, o que perdieron su virginidad con su novio o novia cristiana.

La Biblia no distingue entre los entornos cristianos o no cristianos con respecto a este tema de la influencia. De hecho dice: "No se dejen engañar: 'Las malas compañías corrompen las buenas costumbres.'" (1 Corintios 15:33). Si la compañía que buscas ejerce una mala influencia sobre ti, entonces no es buena. Mira el versículo de nuevo. También implica que si tú no estás ejerciendo una buena influencia sobre tus amigos, entonces eres mala compañía y estás engañado.

4. Conviértete en un experto en el discernimiento, cómo saber si tus amigos son una mala influencia para ti. Aquí está la clave: Tú sabes que cuando ejercitas una buena influencia en las personas. Daniel y sus amigos oraban juntos. Pídeles a tus amigos que oren contigo acerca de las influencias que tienes y que te controlan. Ora con tus amigos por las cosas que luchan. Si tus amigos piensan que es muy raro que oren juntos entonces empieza a buscar algunos amigos cristianos que sean una mejor influencia sobre ti.

Daniel y sus amigos eran jóvenes de oración, eso les ayudó a mantenerse fuertes y a ejercer una buena influencia uno sobre otro.

Cuando el asunto se puso a arder, todos estaban en la misma página, todos tenían los mismos valores y convicciones, todos tenían los mismos deseos y pasiones, todos pensaban las mismas cosas, porque Dios estaba renovando sus mentes. Y no te dejes engañar, si no estás en un lugar fuerte y firme con Dios, no puedes cambiar a tu amigo, cuya mala influencia está trabajando horas extras. En primer lugar debes estar en un lugar donde haya una fuerte influencia sobre ti que honre a Dios.

En mi vida, recuerdo a tres chicos de mi grupo de jóvenes que crecieron juntos desde que nacieron. Ellos iban a la misma escuela y se convirtieron en grandes amigos. Cuando llegaron a la secundaria empezaron a desarrollar diferentes deseos. El mundo empezaba a presionarlos para que se adaptaran a su molde. Me enfrenté a uno de los chicos en el pasillo entre las clases y le hice ver lo fuertes que podrían ser si se reunieran para orar unos por otros.

—Eso es muy raro—, dijo. —Nunca hemos hecho nada por el estilo—.

—Bueno, ¿y qué te parece intentarlo?—, le dije.

—No sé, cómo le digo a los otros: "Hey, ¿quieres hacerte religioso?"—, respondió con sarcasmo.

—Claro, eso podría funcionar—, le dije. —Pero podría ser mejor si les dices que crees que su amistad podría ser más fuerte y piensas que ustedes podrían ser una poderosa influencia en la escuela, en la iglesia y con los amigos, si comienzan a orar juntos—.

—Está bien, eso suena bien—.

—Pero creo que también tienes que tener un plan—.

— ¿Cómo qué?— Él se quedó perplejo entretanto trataba de evitar a los chicos que le empujaban mientras pasaban entre él y los casilleros.

—Bueno, ¿cuándo van a hacerlo? ¿Con qué frecuencia? ¿A dónde se reunirán? Ese tipo de plan—, le dije.

—Ah sí, ya entendí—, me dijo.

Una semana más tarde, me encontré con los chicos. Acordaron reunirse a orar durante unos quince minutos cada miércoles antes de la reunión del grupo de jóvenes. Después de un año se reunían regularmente todos los miércoles por la noche para orar unos por otros. Lo hicieron durante toda la secundaria. Ellos se convirtieron en una seria influencia en su escuela secundaria, ya que se levantaron y tomaron posiciones importantes de liderazgo. Recuerda: "No te dejes engañar: 'Las malas compañías corrompen las buenas costumbre'".

Pero a veces la gente usa este versículo para apoyar la idea de que no hay que pasar el rato con amigos no cristianos; sin embargo, el versículo no dice que debemos evitar a las personas no cristianas. Si hiciéramos eso, nunca podríamos ayudarles a llegar a conocer a Jesús como su Salvador. El versículo quiere decir que las relaciones más fuertes que tenemos deben estar con las personas que son una buena influencia.

Así que ser cristiano en la escuela secundaria significa elegir sabiamente tus amigos. Significa compartir más tiempo con las personas que son una buena influencia que con las personas que son una mala influencia. También significa ser la influencia más fuerte y buena (incluso en las pequeñas cosas) en medio de la mala influencia, ya que le estás permitiendo a Dios que renueve tu mente.

5. Recuerda siempre: Las pequeñas cosas son las que afectan las grandes cosas. Al comienzo del capítulo les dije que nadie se despierta y dice: —Creo que voy a destruir mi vida hoy—.

Las pequeñas concesiones aquí y allá comienzan a ser más grandes y más consumidoras, hasta que un día esa persona se encuentra en un estado de desesperación. Pues bien, también sucede lo contrario.

Las pequeñas cosas que haces para honrar a Dios también afectan las grandes cosas que honran a Dios. Cuando te decides a no ser influenciado por el mundo que te rodea y decides que quieres ser influenciado por Dios y Sus valores, se hace más fácil *no* ceder ante la presión.

Hay más en la historia de Daniel en este sentido. Daniel y sus amigos finalmente se graduaron de la escuela para ser gobernadores y así lo hicieron muchos de los otros estudiantes que fueron llevados cautivos ese día. A todos ellos se les dieron cargos como consejeros y gobernadores en el gobierno de Nabucodonosor. Sin embargo, los cuatro hombres se mantuvieron fieles a su compromiso de no ser influenciados por el mundo. No iban a ceder ante ninguna presión para ajustarse a las normas que Dios no estableció.

Esto se mantuvo así durante toda la vida de ellos. Pero el compromiso vino con una etiqueta que tenía un precio, algo de dolor y sufrimiento. Llegó el momento en que Daniel fue lanzado en un foso lleno de leones hambrientos porque se mantuvo en su posición. Él no iba a ser estrujado por la influencia de los líderes políticos para que alterara su vida de oración, a pesar de que le ordenaron que dejara de orar por un tiempo. Daniel decidió hacer lo que era correcto. Y estoy convencido de que nunca lo habría logrado en algo tan grande, como la experiencia del foso de los leones, si no hubiera decidido no ser influenciado en las pequeñas cosas mucho tiempo antes.

¿Y qué pasó con Ananías, Azarías y Misael? Estos chicos hicieron lo mismo. Se enfrentaron a la expresión máxima de la presión de los compañeros y me refiero a presión de las verdaderas llamas. Puede ser que estés familiarizado con su prueba de fuego. Sus nombres fueron cambiados por Nabucodonosor a Sadrac, Mesac y Abed-nego y se enfrentaron a un horno de fuego frente a cientos de miles de dignatarios. Se negaron a inclinarse ante el ídolo de oro de Nabucodonosor y lo que obtuvieron fue ser lanzados en la barbacoa. Ya ves, ellos habían decidido que no iban a someterse a una mala influencia.

Sadrac, Mesac y Abednego tomaron una de las posiciones más influyentes en toda la Escritura. Le dijeron a Nabucodonosor: "Si se nos arroja al horno en llamas, el Dios al que servimos puede librarnos del horno y de las manos de Su Majestad. Pero aun si nuestro

Dios no lo hace así, sepa usted que no honraremos a sus dioses ni adoraremos a su estatua" (Daniel 3:17-18). Estos chicos no iban a ceder a la influencia del rey, incluso si eso significaba perder la vida. No era por el resultado, ellos dijeron que Dios podía librarlos, pero si Él no elegía hacerlo, querían dejar en claro que: "No nos vamos a inclinar".

Estos chicos nunca hubieran podido hacer esto a menos que comenzaran con las pequeñas cosas. Se sentaron las bases para ellos mucho tiempo atrás, durante la escuela secundaria cuando se sentaron a cenar. Me imagino que estos chicos tenían un gran cartel en su habitación en el que decía: "Ni un paso atrás". Ellos se decidieron, en la escuela secundaria, que iban a estar más influenciados por el Dios que renueva su mente, que por un mundo que entorpece la mente.

¿Quieres ser un cristiano en la secundaria? Piensa en esto: ¿Has tomado la decisión de que no te vas a inclinar ante a la influencia del mundo? ¿Le has pedido a Dios que controle tu mente y que la transforme? ¿Estás rodeado de influencias buenas que honran a Dios?

Por último: Cuando la presión esté sobre ti, ¿te vas a doblegar? Porque si te doblegas en las pequeñas cosas te doblegarás en las cosas grandes. Piénsalo.

Si quieres ser un cristiano en la escuela secundaria, evade las minas morales terrestres para evitar hacer concesiones a toda costa.

PARA PENSAR

1. ¿Qué piensas sobre la historia de Daniel y sus amigos? ¿Qué parte de la historia fue más significativa para ti?

2. ¿Cuándo estás más tentado a hacer concesiones? ¿Qué hace que sea más difícil de resistir? ¿Qué hace que sea más fácil resistir?
3. ¿Cuáles son algunas de las áreas en las que la popularidad y hacer lo correcto han entrado en conflicto en tu vida?
4. ¿Cuál concesión pequeña podría convertirse en un gran problema para ti?
5. ¿Cómo evaluarías la influencia de tus amigos actuales en la toma de tus decisiones? En general, ¿dirías que tus amigos cercanos están influyendo en tu vida para que tomes decisiones buenas o malas? ¿Cuáles son algunos ejemplos?
6. Imagínate perder una beca completa en la universidad porque en el formulario de solicitud decides no comprometer lo que crees acerca de la oración o el aborto. ¿Cómo puede esto afectar tu futuro?

4

JOSÉ: ¿VAS A IR TRAS ESO?

El empuja la puerta de la cocina para entrar y encuentra un aposento vacío.

—Oye, ¿dónde está todo el mundo?—, grita.

Entonces, él la ve. La esposa del dueño. Ella está esperándolo... a él.

Es hermosa y no lleva mucha ropa. De pronto, ella lo sujeta, lleva sus labios hasta los de él y empieza a desnudarlo.

Esto, definitivamente, se está poniendo caliente.

Es una noche normal de martes y seis chicos de secundaria caminan hacia la cafetería *Caribou Coffee*, donde han dejado huella en la mesa de la esquina. Uno por uno va llegando, ordenan sus cafés y se dirigen hacia la parte de atrás. Ellos se comprometieron a reunirse todas las semanas para orar unos con otros, animarse unos a otros y para apoyarse mutuamente y ser responsables del crecimiento espiritual mutuo. Ron y Ryan fueron los últimos en llegar y mientras se acomodaban en la mesa reservada, Ron dice: —Es difícil ser cristiano con tantas chicas ardientes en el mundo—.

El tema de la noche: sexo.

Ron hizo eco de las frustraciones de la mayoría de los estudiantes de secundaria, frustraciones tanto de los chicos como de las chicas por igual. Es difícil ser cristiano en la escuela secundaria y también tener una sexualidad sana y agradable a Dios.

Es evidente que, como seres humanos, nuestra naturaleza espiritual y nuestra naturaleza sexual son dos dones de Dios. Sin embargo, el "factor hormonal" hace las cosas muy complejas. Sabemos que el sexo es bueno y tiene su lugar legítimo en el matrimonio también sabemos que la lujuria está mal y nos llevará por caminos destructivos, ya sea que estemos casados o solteros. Como el escritor Frederick Buechner una vez lo definió: "La lujuria son las ansias que tiene una persona por consumir sal mientras está muriendo de sed". Entre más lujuria, nos sentimos menos satisfechos.

Sin embargo, el cuerpo adolescente se ha quedado atascado en la sobre marcha sexual (probablemente ya lo has notado). Y para complicar las cosas, el adolescente promedio recibe tantos diferentes mensajes cristianos sobre el sexo:

> *—Deberías estar saliendo con alguien seriamente—.*
> *—¿Citas? No deberías estar saliendo con nadie en lo absoluto—.*
> *—El sexo es bueno, es un placentero regalo de Dios—.*
> *—El sexo nunca fue concebido para el disfrute, es sólo para hacer bebés—.*
> *—Dios te puso cables para que tengas impulsos y deseos sexuales—.*
> *—Tú puedes superar los deseos sexuales. ¡Ora por ello!—*

Esta es sólo una muestra de la larga lista de los opuestos emparejados que andan volando por ahí. Estoy seguro de que podrías añadir unos más de tu propia experiencia, de los comentarios que has escuchado de los padres, maestros y pastores de jóvenes. Además de estos comentarios, añade a la mezcla todos los anuncios, libros, películas y revistas sensuales con los cuales el mundo te bombardea y realmente podrías estar listo para vivir en derrota. Entonces, ¿exactamente cómo *permaneces* cristiano en la escuela secundaria y vives como un ser sexual?

Ron y Ryan sabían que tenían que mantenerse mutuamente responsables por su crecimiento espiritual. También estaban desarrollando disciplinas personales para hacerle frente a los estímulos sexuales que giraban alrededor de ellos todos los días.

—Parece que estamos haciendo todo lo que podemos—, dijo Ron. —Entonces, ¿por qué todavía es tan difícil no caer en las tentaciones?—

—Bueno, sólo porque haces todo lo humanamente posible para no caer, no significa que Dios va a eliminar la lucha—, le dije. —Recuerda, Él quiere que sigamos dependiendo de Él en cada situación, eso incluye los momentos en que nuestros deseos tocan a nuestras puertas para que hagamos cosas equivocadas—.

—Eso lo entiendo pero creo que nosotros enfrentamos cosas mucho más difíciles de las que todos esos tipos del tiempo de la Biblia tuvieron que encarar —, respondió Ron. —Ellos no tenían que lidiar con tanta presión—.

— ¿Tú no crees lo que dices?— le cuestioné. —Vamos a ver la vida de un joven en la Biblia que cayó en el pecado sexual. Quiero ver si puedes verte reflejado en él, a pesar de que no sabemos su nombre—.

EL FULANO CON EL JUICIO NUBLADO

Llevé a los chicos al libro de Proverbios, donde Salomón, el hombre más sabio que ha vivido, cuenta la historia de un joven que cae en la tentación de la lujuria. Salomón da a entender muchas ideas que, si se siguen, pueden mantener a una persona lejos del pecado sexual. La historia está en Proverbios 7:6-23. (Sugerencia: Toma un momento para leer la historia en tu Biblia en este momento, mantén la Biblia abierta, mientras hablamos de esto.)

Salomón nos dice que una noche él está descansando en su casa cuando miró por la ventana y vio a un joven falto de entendimiento.

La juventud no es estúpida pero puede tomar una decisión muy estúpida. ¿Cómo sabemos esto? ¡Debido a que el joven de la historia está caminando de un lado al otro frente a la casa de una prostituta!

Este joven sabe que ella vive allí y constantemente escoge pasar por el camino que conduce a la casa de ella, insistentemente elige pasar por un lugar donde puede caer en pecado sexual. Procura pasar frente a la estantería donde las revistas con portada de chicas en bikini que gritan: —¡Eh, muchachote! Ven a pasar un tiempo con nosotras. Nadie se va a enterar—. El joven siempre está revisando ciertos sitios web en su computadora, donde "las muñecas celestiales" están a la distancia de sólo un clic. Si fuera inteligente, no tomaría esa ruta. Él no iría a esas tiendas y movería la computadora a la sala de estar de su familia.

Pero Salomón dice que este chico anda sin dirección ni propósito, por lo que sigue caminando cerca de la casa de ella deliberadamente, incluso por la noche, de modo que nadie lo ve cuando él mismo sabe que podría tener algo, podría tener algo de acción.

Después de un tiempo consigue lo que quiere. Resulta que la mujer iba saliendo de la casa y ¡sorpresa! él está justo ahí. Sin embargo, ¿Sabía realmente el fulano en lo que se estaba metiendo? Las atracciones y los sonidos y las ideas; ella sabe cómo endulzar con las palabras y corre a él, le lanza en una sobrecarga psíquica...

> *Mi maridito no está en casa... vamos, no será un problema... dame un beso... y ella es ARDIENTE... Tengo unas sábanas nuevas... y ¿sientes este perfume?... no, él no estará en casa durante semanas, a quién le importa... dame un beso, te dije... vamos, siéntate... ¿qué tal un trago?... mira esas piernas... déjame tomar tu abrigo...*

¿Quién está animando la plática y quién está escuchando? Es difícil saber cuándo estás repentinamente en las garras de la tentación.

Este joven sin juicio se involucra. Salomón mira esto y dice que es verdaderamente una situación peligrosa y compara a este pobre chico con un buey a punto de ser sacrificado.

Ahora, un buey es un animal tonto. Si un buey está programado para la carnicería, eso inevitablemente va a pasar, debido a que el buey no tiene un cerebro para discernir el peligro. El buey no lee la señal del edificio que dice "Mercado de Carne de Joe" y tampoco prepara un plan que incluye una pelea de kung fu al estilo de *Matrix* con una ruta de escape.

No. Ese buey se limita a seguir la parte trasera del buey que está frente a él... lo hace sin pensar... hasta que las luces se apagan. El punto es que tú no eres un buey tonto, entonces *piensa*. Tú realmente tienes la capacidad de ver los problemas y de discernir cuál es la verdad, tú puedes distinguir lo que está bien y lo que está mal. El Espíritu Santo se movió en tu interior para motivarte a salir de esas situaciones. ¿Puedes hacerlo?

Otro adolescente en la Biblia se enfrentó al mismo tipo de tentación sexual de "Hey muchachote". ¿Irá él a caer en la tentación?

¿Caerías *tú*? ¿Si pudieras tener relaciones sexuales sin todas las complicaciones? Es difícil de imaginarlo pero eso le pasó a uno de los chicos más agradables que quisieras conocer. Alguien como. . . tú.

EL ESCENARIO ESTÁ LISTO

José era el número once de doce hijos. Él era el favorito de su padre, Jacob, y los hermanos de José estaban teniendo problemas con él, estaban celosos y resentían el favoritismo del padre.

Además, José no facilitaba las cosas. José tuvo unos sueños en los que todos sus hermanos se inclinaban ante él. Ahora, si tú fueras el menor y tuvieras diez hermanos que son mayores que tú, y ya sabes que te desprecian, ¿crees que es prudente decirles que van a inclinarse ante ti? (incluso si los sueños vienen de Dios.).

Después de que José revela sus sueños, los hermanos deciden que han soportado lo suficiente del hermano menor y quieren deshacerse de él, por lo que empiezan a trazar un plan. Van a matar a José y van a hacer que parezca un accidente.

Un día, cuando están fuera de la ciudad haciendo negocios, Jacob envía a José para vigilarlos. Cuando ven venir a José, deciden llevar a cabo su plan. Afortunadamente para José, uno de los hermanos mayores tiene un momento de compasión y convence a los demás de que le perdonen la vida al muchacho. Este hermano, Rubén, quiere llevarse a José de vuelta a casa, lo antes posible, pero antes de que pueda enviar a José de regreso, los otros hermanos lo venden como esclavo a un comerciante egipcio que estaba pasando por ahí. ¡Qué gran plan! Se pueden deshacer del pequeño adulador y ganarse un buen dinero también.

Entonces, José de pronto está montando un camello que se dirige hacia el Nilo. Cuando llega a Egipto, es vendido de nuevo a Potifar, un hombre influyente y poderoso en el gobierno del faraón, probablemente, el principal asesor de este rey egipcio.

A SUBIR DE RANGO

José tiene sólo diecisiete años cuando todas estas cosas suceden. Sin embargo, la Biblia dice que confiaba de forma continua en el Señor. Tenía pasión por complacer a Dios. Como resultado, Dios lo bendice y le da éxito, mientras trabaja para Potifar. De hecho, la Escritura dice que todo lo que hizo José prosperó.

Por supuesto, esto hizo a Potifar muy feliz y José le caía increíble bien. Potifar continuó dándole a José cada vez más responsabilidades, más y más control sobre su propia casa, hasta que José estuvo a cargo de todos los asuntos de Potifar.

Imagínate, éste adolescente es tan exitoso que está manejando los asuntos de uno de los principales jefes de estado en Egipto, lo único que le preocupaba a Potifar era el menú de la cena. Potifar no quiere oír hablar de los problemas con el personal de la casa, José ya se encargó de eso. Él no tuvo que ver ninguna de las facturas, José ya las pagó. Ni siquiera tiene que preocuparse de sus citas semanales, José administraba la agenda diaria.

Potifar sólo quería volver a casa y decir: —Oye, ¿qué hay para la cenar?— Y él esperaba una respuesta inmediata. No había nada que José no controlara en los asuntos domésticos y de negocios de Potifar.

Así que la Biblia habla sobre el éxito de José en la casa de Potifar pero entonces hay un giro en la trama. En medio de un versículo nos encontramos con una afirmación aparentemente fuera de lugar. Lee Génesis 39:6 que dice: "Por esto Potifar dejó todo a cargo de José, y tan sólo se preocupaba por lo que tenía que comer. José tenía muy buen físico y era muy atractivo."

¿Lo viste? ¿Qué tiene que ver el aspecto de José con lo que está pasando? Sin embargo, Dios quería hacernos saber que José era un semental, que era muy guapo y de hecho, probablemente era material de supermodelo. Todo el mundo estaba impresionado por el gran estilo y aspecto atractivo de José... especialmente la mujer de Potifar.

Cada día que la mujer de Potifar ve a José, se siente más y más atraída hacia él. En breve ella desea intensamente a José y empieza a insinuársele pero José no le da importancia y no le hace caso. Ella le hace cumplidos sexualmente explícitos pero José sólo sonríe y se pone un poco apenado. Poco después se hace evidente que las insinuaciones no están funcionando, por lo que ella se vuelve más agresiva y más evidente. Eventualmente, ella le dice claramente a él: —Vamos a la cama, José—.

Ni siquiera le hace una insinuación, José tiene una invitación abierta. ¡Eso es presión sexual!

Yo le contaba a Ron y Ryan esta historia, y uno de ellos dijo: — ¡Qué asco, una vieja casada que quiere pasarse con un chico de diecisiete años de edad! *Eso* no sería difícil de resistir—. Bueno, si piensas que la mujer de Potifar era como tu madre, entonces tal vez no sería tentador pero conociendo las costumbres egipcias podrías cambiar de opinión.

Mira, los egipcios creían en una vida después de la muerte. Ellos creían que cuando una persona moría, especialmente una persona importante como el Faraón o Potifar, esa persona podría llevar junto con él posesiones de primera al "otro lado", y a veces incluso a las personas. Debido a que siempre querían estar preparados para la muerte, los funcionarios que estaban cerca de Faraón con frecuencia tomaban esposas nuevas y más jóvenes. A menudo, esto implicaba un concurso de belleza bien elaborado, en el cual las mujeres de todo el país podían venir con la esperanza de ser seleccionadas. Como es obvio, la esposa de Potifar no era una vieja bruja, ella era probablemente una joven y ardiente ganadora del reciente concurso de belleza. ¿No hace esto una gran diferencia en la comprensión de la tentación que estamos viendo? José se enfrenta a una súper modelo, no a una vieja bruja.

Pues bien, esta súper modelo a menudo se encontraba con José e intentaba llevar a cabo su plan sexual. —Vamos a ser los únicos que saben, José—, decía ella. — ¡Vamos! Mi marido está en el trabajo todo el día—.

Podrían haber tenido buen sexo durante el día y, ya que a Potifar sólo le preocupaba el menú de la cena, él no tenía por qué darse cuenta. Piense en el afecto que ella había derrochado sobre José, además probablemente ella apeló a su ego diciéndole que era el hombre más guapo de todo Egipto.

Entonces José tiene una reina de belleza ardiente que abiertamente lo invita a tener sexo salvaje y apasionado *todos los días*. ¡Vaya!

Eso es una increíble presión sexual. Los chicos estuvieron de acuerdo rápidamente de que se trataba de mucho más presión sexual de la ellos nunca habían enfrentado.

LAS COSAS SE CALIENTAN

Cada vez que la súper modelo intenta seducir a José, él la ignora. Él le recuerda que Potifar no le ha retenido nada de su propiedad a José, excepto a su esposa. —¿Cómo puedo hacer yo este gran mal y pecar contra Dios?—, pregunta José.

Eso es interesante. José dice que Potifar le ha dado todas estas grandes cosas pero ¡el pecado sería en contra de... *Dios!* José estaba conectado con Dios, tenía la visión de vivir para honrar a Dios.

La esposa de Potifar no ve las cosas de la misma manera, ella está decidida a quebrar a José y conseguir lo que quiere, por lo que prepara un plan para hacer que esta situación sexual, que ya estaba caliente, se pusiera aún más caliente. En primer lugar, les da a todos los criados un día libre. Normalmente José sabría sobre esto, porque él está a cargo, pero ella se asegura de que nadie revele su plan. A continuación, con todos los criados fuera de la casa, ella puede subir la temperatura de las cosas aún más y así tal vez José finalmente baje la guardia.

Imagínate, José se levanta una mañana, se prepara para el trabajo y empieza con la rutina diaria. Él sale al buzón para recoger el correo diario y el periódico, entra en la casa y camina por el vestíbulo de la mansión de su amo. Él está revisando el correo mientras se dirige a la cocina.

Sin embargo, hay algo muy peculiar, el lugar parece muy tranquilo. Entonces José mira hacia la izquierda, al comedor donde la sirvienta suele estar puliendo los cubiertos, pero ella no está allí hoy. Eso es raro, piensa. Luego mira hacia la derecha, a la sala de estar. Por lo general, el mayordomo está allí en el mostrador organizando los asuntos del día pero no está allí hoy tampoco. José va a la ventana y se da cuenta de que el jardinero y chofer no están presentes. ¿Tal vez todos están en la cocina con el cocinero? José empuja la puerta de la cocina y cuando abre se encuentra con que la cocina está vacía, y el cocinero, con todo su personal, se ha ido.

—Hey, ¿dónde están todos?—, grita. — ¡Creo que ya tienen que volver al trabajo!— Él sigue llamando mientras regresa hasta el vestíbulo. Cuando llega a la base de la escalera, la ve: la esposa de Potifar está allí esperándolo. Ella es hermosa y está decidida a tenerlo. No lleva mucha ropa tampoco, José nunca había visto tanto de ella antes y, aunque la situación es incómoda, descubre que su presión arterial está subiendo.

Ella lo sujeta y comienza a moverse sobre él. José se da cuenta de que esta prueba va ser la más difícil que ha tenido, siente que la presión sexual es mucho mayor que nunca antes.

Ella empieza a besarlo.

José titubea.

Ella empieza a desnudarlo. Esto se está poniendo insoportablemente ardiente y José sabe que tiene que salir de allí. Él sabe que si no actúa de acuerdo a la indicación de Dios de inmediato, él va a terminar racionalizando las cosas. ¡Ella ya tiene gran parte de la ropa de él en sus manos!

Sin ninguna explicación José sale corriendo de allí. Él no se preocupa si va a herir los sentimientos de ella, él no se queda para disfrutar de algo para luego marcar la línea cuando se empiece a ir demasiado lejos, él no racionaliza sobre lo fuerte que es. ¡José sólo *corre!*

¿A DÓNDE VAMOS AHORA?

En lo profundo de tu corazón sabes que la crisis de José es un poco diferente a los tipos de decisiones sexuales que enfrentas regularmente como estudiante cristiano de secundaria. Sin embargo, la lujuria siempre está llamando, ya fuera que vivieras en el antiguo Egipto o que estés en tu ciudad natal hoy en día.

No obstante, ¿tal vez esperabas alguna fórmula escrita en piedra para hacerle frente a la tentación sexual? Lo siento, simplemente no así de fácil. En primer lugar, tenemos que admitir que: Los estudiantes de secundaria están en una etapa de desarrollo de la vida en la que se deben formular sus propios valores acerca de los grandes temas de la vida. Uno de esos asuntos cargados de valor es la sexualidad. La Palabra de Dios habla sobre la cuestión y ofrece muchas directrices, desde cómo tener conversaciones sexuales hasta cómo disfrutar de las relaciones sexuales.

¿Por qué es así? Pues porque Dios creó el sexo y Él lo hizo bueno. Él lo diseñó para la procreación *y* para nuestro placer. ¡Él tiene que ver todo con el sexo! (Una vez le dije esto a un grupo de estudiantes de séptimo grado y un pequeño chico callado que estaba sentado en la primera fila dijo, "*¡Genial!*") Dios *está* en todo lo que tiene que ver con el sexo y eso *es* genial. De hecho, hay un libro entero de la Biblia, El Cantar de los Cantares de Salomón, que habla con elocuencia sobre el tema del placer sexual. (Cuando le digo a los estudiantes de secundaria sobre esto, me sorprende ver cuántos se comprometen a iniciar el estudio personal de la Biblia... en *¡ese* libro!)

Cuando empiezas a formularte los valores cristianos sobre la sexualidad, debes tener en cuenta que la Biblia, al igual que con muchas otras áreas de la vida, a menudo nos da *principios* (como permanecer sexualmente puro) sin ciertos *detalles*. En otras palabras, la Escritura no es siempre blanco y negro sobre la sexualidad, y a veces la vaguedad crea una zona gris o da lugar a lo que yo llamo un "asunto de sabiduría".

Un asunto de sabiduría es un tema del que la Escritura no habla de manera directa o integral. Es un asunto que puede crear tensión porque las personas piadosas pueden alinearse en ambos lados de preguntas acerca de "dónde trazar la línea", o exactamente que está bien o qué no. Por ejemplo, ¿la masturbación está bien?, ¿Y el sexo oral en el matrimonio?, ¿Los anticonceptivos? Los cristianos creyentes en la Biblia no llegan a un punto de acuerdo acerca de tales cosas. Por lo tanto, creo que Dios deliberadamente diseñó los asuntos de sabiduría por al menos tres razones:

1. Los asuntos de sabiduría nos hacen correr a Dios. Dios nos ha creado para tener comunión con Él mismo. Él quiere que confiemos en Él. Sin embargo, nos hemos convertido en personas que confiamos en nuestras propias ideas sobre las cosas, entonces Dios lanza unos pocos asuntos de sabiduría para hacernos correr constantemente a Él de nuevo. En tales situaciones, la norma que buscamos quizás no es tan concreta como deseamos, eso significa que una acción puede ser pecado para una persona pero no para otra. Así que… debo ser muy sensible a la dirección del Espíritu Santo y correr continuamente a Dios con este asunto. (Por favor, haz una pausa aquí para leer Romanos 14, el cual ofrece el vistazo de un asunto de sabiduría antiguo y cómo Pablo aconsejó a los creyentes que trataran con él.)

2. Los asuntos de sabiduría hacen que la Escritura sea eterna. La Biblia es la regla y la autoridad para la vida cristiana. Es la Palabra de Dios, por lo tanto, es atemporal, mientras que la cultura que nos rodea no lo es. Las cosas cambian, las viejas ideas se desvanecen y surgen nuevas ideas. A veces, la Biblia no habla directamente sobre ciertos asuntos, ya que no está encerrada en un marco de tiempo cultural específico. Los asuntos de sabiduría nos permiten aplicar los principios bíblicos que nos guían en medio de tiempos cambiantes.

3. Los asuntos de sabiduría demuestran la libertad cristiana y la servidumbre a Cristo. Naturalmente, tengo que evitar ciertas cosas con el fin de mantener mi relación con Cristo creciendo. Eso no significa que todos mis hermanas y hermanos cristianos deben evitar las mismas cosas (recuerda Romanos 14). El hecho de enfrentar un asunto de sabiduría me hará ejercitar disciplinas que me mantienen creciendo en mi relación con Dios. Por ejemplo, para el Gran Bob comer postre puede ser pecado, porque él lucha con la gula; sin embargo, puede ser perfectamente correcto para la Flaca Fanny. En la vida cristiana hay libertad y hay restricción. Un asunto de sabiduría crea esa tensión y definición.

Estoy diciendo todo esto para hacerte saber de antemano que no puedes encontrar todas las respuestas escritas en detalle cuando se trata de determinar lo que puedes o no puedes hacer en una relación, o para responder a preguntas como: "¿Qué tan lejos es demasiado lejos?", pero te darás cuenta de que la Biblia es muy importante para ayudarte a formular tus valores sobre la sexualidad. Si escuchas con atención a la Palabra de Dios, vas a entender mejor muchos de los mensajes mixtos que te lanzan todos los días.

Así que busca al Señor con respecto a estas cosas. Sé sincero acerca de hacer lo correcto, pide a Dios que guarde y renueve tu mente. Entonces entiende que por lo general las personas que ofrecen muchos de esos mensajes contradictorios son hombres y mujeres que honran a Dios pero que han llegado a conclusiones diferentes. Dios te va a dirigir a tus propias conclusiones, también.

Después de haber dejado contigo el concepto de asuntos de sabiduría, hay un par de cosas más que debes saber sobre la sexualidad. Tengo dos ideas más para tú consideres, mientras tomas tus propias decisiones en medio de tus futuras tentaciones de "ve por eso".

El pensamiento sexual y la lujuria, se tratan de la entrega total. ¿Son todos los pensamientos sexuales o deseos lujuria? No. Dios te hizo un ser sexual y eso es una cosa muy buena. Ya vimos que Él te hizo de tal manera que tuvieras deseos sexuales y Él hizo esos deseos sexuales exclusivamente para ti. Por lo tanto, sólo porque algo te excita sexualmente, no quiere decir que es lujurioso.

Algunos adolescentes responden y añaden: —Pero si te obsesionas en eso, entonces tienes lujuria —. Así que la pregunta es: ¿Cuánto "tiempo pensando" acerca de una cosa sexual es demasiado "tiempo pensando"? La respuesta seguramente tiene que ver con el equilibrio.

La Biblia nos enseña acerca de tener una vida equilibrada y controlada. No estamos para ser dominados por cualquier cosa: "«Todo me está permitido», pero no dejaré que nada me domine." (1 Corintios 6:12). Puedes pensar en el sexo y pensar mucho en ello, siempre que no te domine. No existe una "cantidad" que podamos anotar. Y lo que corresponde al dominio es simplemente esto: *No permitas que nada te controle excepto Dios*. Rinde completamente tu vida y tu mente a Él.

La fácil excitación se debe al menú diario. ¿Te sientes culpable por excitarte sexualmente de manera fácil? Eric, por ejemplo, entró en mi oficina mirando hacia el suelo, como si hubiera perdido un lente de contacto en mi bonita y afelpada alfombra y dijo: —Le he pedido a Dios que controle mis pensamientos sexuales—, luego hizo una pausa y continuó: —Pero nunca lo ha hecho—.

Eric me dijo que trató de no sobrecargar su vida con los estímulos sexuales. Esto es importante. No le puedes pedir a Dios que te controle y luego consumir una ingesta constante de películas, música, juegos de computadora y revistas con carga sexual. Sin embargo, a pesar de todo el esfuerzo que hacía Eric, él seguía sintiéndose siempre tan "caliente" (como él decía).

Fue entones que le dije: —Dios ha encendido un flujo constante de hormonas en tu cuerpo, Eric. Estas hormonas son esenciales para tu desarrollo físico y también son responsables de hacer que te excites sexualmente. ¿Orar para que Dios detenga eso? Pues Él no lo va a detener. Tu aumento hormonal te mantiene saludable—.

Entonces, ¿hay algo que puedas hacer para mantener algo de eso bajo control? ¡Sí! Puedes darte cuenta que estas hormonas son como un apetito. Tener apetito es natural e inevitable pero cuanto más les das de comer, más feroces pueden llegar a ser. ¿Qué les vas a dar de comer hoy? ¿Qué hay en el menú diario de tu imaginación? Si tú deseas mantenerte cristiano en la escuela secundaria entonces deber monitorear el menú de tu imaginación.

¡Piénsalo!

Si quieres mantenerte cristiano en la escuela secundaria, dale seguimiento constante al Menú de tu Mente y deja los placeres temporales atrás.

PARA PENSAR

1. ¿Alguna vez has enfrentado a una situación sexual de "ve por eso"? ¿Cómo lidiaste con esa situación?
2. ¿Qué consejo le darías a un amigo que sigue cayendo en este tipo de tentación? ¿Qué partes de la Escritura podrían ayudarte para brindarle apoyo?
3. ¿Qué verdades o principios en este capítulo te ayudan más con tus propias luchas sexuales? ¿Por qué?
4. En tu opinión, ¿qué hizo la diferencia entre José y el sujeto de la historia en los proverbios, de tal manera que toman opciones diferentes?
5. Piensa en el futuro por un momento: ¿Cuál es la siguiente situación de tentación que podrías enfrentar? ¿Cómo te estás preparando para ese acontecimiento?

5

SANTIAGO Y JUAN: LOS FIESTEROS

— ¡La mía llegó más lejos!—

— ¡Sí claro! ¿Estás ciego? ¡Yo lancé mi piedra kilómetros adelante de la tuya!—

—Sigue soñando, Juan. Tú la lanzaste como una niña. Me sorprende que hayas podido recoger esa roca, tú eres tan débil y afeminado—.

—Cállate, brazo de nena—.

— Y tú de que hablas, mariquita—.

—Preguntémosle a Bartolomé. ¡Hey, Bartolomé!...—

Jesús los llamó Hijos del Trueno. ¿Pero por qué? ¿Tal vez Santiago y Juan eran animales de fiesta adolescentes? Puede ser que se hayan referido a sí mismos como *"Rock and Roll"*, una fiesta *de trueno* a punto de ocurrir o tal vez fue porque estaban constantemente "explotando" con ira. Eso habría hecho a uno Nitro y al otro Glicerina. O quizás fue debido a su espíritu competitivo constante, el trueno estalló cuando el hermano "aprieta" conoció a su hermano "empujón". En todo caso consiguieron la etiqueta de "Hijos del Trueno" por parte de Jesús. Algunos historiadores de la Biblia creen que Santiago tenía cerca de dieciséis años de edad y Juan, su hermano, tenía unos catorce años cuando Jesús los invitó a ser sus discípulos. Figúrate, Jesús elige a los Hijos del Trueno para ser apóstoles. Imagínate esto...

La primera vez que estos dos se encontraron con Jesús, estaban sentados en el muelle reparando las redes de pesca del papá. Tenían que ayudar a su padre porque la noche anterior estuvieron hasta tarde con los amigos, era el último día de clases y todo el mundo estaba emocionado.

¿Qué es lo que tú haces para iniciar las vacaciones de verano? ¿Ir al cine? No. Tenía que haber algo más emocionante.

—Vamos a mi casa—, dice uno de los chicos. —Mis padres estarán en Egipto durante el fin de semana. Todo el lugar es nuestro—.

¡Fiesta! Santiago empieza a correr la voz y de pronto la mitad de la escuela tiene la intención de llegar allí. Juan sabe que uno de los hermanos mayores de un amigo puede comprar cerveza, por lo que lo llama y tiene todo listo. *Esto va a ser una gran juerga.*

La fiesta empieza tranquila, unos amigos sentados y conversando, otros escuchando música, algunos juegan Xbox, los chicos están pasando tiempo juntos. Pronto la cerveza llega junto con más y más personas. Santiago y su hermano, Juan, son el alma de la fiesta.

A medida que la noche avanza, los amigos de Santiago le dijeron que algunas chicas estaban realmente interesadas en él y en Juan. Uno de los chicos le dice: —Deberías de ir a hablar con ellas—, Santiago es seguro y tranquilo, así que se acerca y empieza a conversar con las chicas. Mientras habla, una de las chicas le pregunta acerca de Juan. Con eso, Santiago invita a Juan a la conversación. ¿Que podría ser mejor? piensan ellos. *Toda esta atención de dos bellas señoritas*.... Justo en ese momento un nuevo grupo de amigos irrumpe por la puerta principal.

Uno de los recién llegados quiere "mostrarles algo" en el patio trasero. En un rincón oscuro del patio, el chico abre una bolsa de "drogas recreativas". Los Hijos del Trueno han fumado marihuana antes, por lo que estaban muy felices de ver el buffet de golosinas que ese tipo había colado. Entonces Juan dice: —Antes de reunirnos otra vez con las chicas, porque no nos damos con un poquito de esto—.

Las chicas salieron a ver lo que estaba pasando y decidieron unirse a la diversión. Los Chicos Trueno piensan que toda la situación es fantástica. La conversación es genial, los amigos son extraordinarios, los porros están divertidos. Y de pronto las cosas empiezan a ponerse románticas, el grupo comienza a dividirse en parejas mientras la conversación se vuelve más sexualmente cargada. No pasa mucho tiempo antes de que todo el mundo esté buscando de un poco de privacidad.

Mamá no estaba muy feliz cuando Santiago y Juan llegaron a la mañana siguiente todavía un poco drogados, por lo que los mandó a dormir para que se les pase el efecto de las drogas en sus habitaciones y a esperar hasta que el padre llegara a casa.

Ambos se sienten como basura mientras caminan a sus habitaciones. También se sienten peor de pensar en el juicio que viene de parte del padre, entonces Santiago le dice a Juan: — ¿Por qué hacemos esas cosas estúpidas?—

—Porque es divertido, además nuestros amigos también las hacen, por lo que no es como que estamos haciendo nada malo—, dice Juan. —Es sólo una parte del proceso de crecer, cosas del adolescente promedio, es sólo ser parte del grupo—.

Esa noche cuando el señor Zebedeo (el padre) llegó a casa, no pasó mucho tiempo para que mamá y papá estuvieran en conferencia sobre los acontecimientos de la noche anterior. Santiago y Juan, trataron de escuchar acerca de lo que estaban hablando en privado en la otra habitación pero no podían oír nada claro. Estaban hablando en voz demasiado baja.

La cena estuvo tensa. Casi no se dijo palabra alguna. Santiago y Juan se limitaron a mirar sus platos mientras comían, no querían encender ninguna ira antes de tiempo. De vez en cuando los hermanos, que estaban sentados en los extremos de la mesa, lograban conectarse con los ojos y ambos mantenían la mirada de "todo esto es por tu culpa". Cuando de pronto, papá finalmente rompió el silencio.

—Su madre y yo hemos tenido una larga conversación acerca de ustedes dos. El hecho de que lleguen a cualquier hora de la noche después de salir de fiesta con los amigos, simplemente no es aceptable—, dijo en voz baja. —A partir de mañana por la mañana y todos los días durante el resto del verano, ustedes dos van a trabajar para mí. Espero verlos despiertos, vestidos y listos para ir conmigo a trabajar a las 5 a.m. Ustedes muchachos van a pintar y limpiar botes. Tal vez al tener que trabajar todo el día, pensarán dos veces antes de quedarse afuera toda la noche—. Con eso la conversación había terminado. Ambos chicos se sentían como si hubieran sido condenados a un destino peor que la muerte.

El sol era muy caliente a las orillas del mar de Galilea y los muelles despedían un olor nauseabundo. Fue entonces cuando empezaron a llegar imágenes a la mente de los chicos: de pronto empezaron a verse cepillando las cubiertas de esos barcos malolientes que tenían todas las tripas de pescado cubriendo cada rincón, o se imaginaban colgando a los lados del barco pintando bajo el sofocante sol. Sabían que iban a llegar a casa totalmente agotados todas las noches. Si se tenían que levantar a las 5 a.m., todos los días, iban a estar en la cama muy temprano cada noche por el agotamiento, lo que también significaba ¡que ya no habría vida social! Y además de eso estaba el jefe, *Papá,* el peor capataz de todos, él estaría respirándoles en la oreja todo el tiempo, nunca los dejaría bajar el ritmo de trabajo y siempre estaría inspeccionando el trabajo hasta que fuera hecho a la perfección.

Ambos chicos se sentaron allí en un aturdimiento. *Este va a ser un verano del infierno,* pensó Santiago. Y es ahí, en este momento de su vida que se encuentran con un hombre llamado Jesús.

Jesús comenzó a enseñar y sanar a las personas en toda la región donde vivían Santiago y Juan. Las personas de todos lados estaban hablando de las cosas increíbles que este profeta-maestro estaba haciendo. Las historias circulaban por todo el muelle, Santiago y Juan estaban fascinados.

Un día Jesús estaba junto a los muelles. Un pequeño grupo de personas se habían reunido a su alrededor y Santiago y Juan estaban sentados en el muelle, al lado de la barca de su padre arreglando las redes rotas. Ellos odiaban ese trabajo, sobre todo porque era como desatar un nudo enorme, sólo que este nudo estaba mojado, apestoso y tenía pedazos de pescado por todas partes. Podían ver como el grupo cada vez era más grande y querían ir allá para ver qué era lo que pasaba en la conmoción. Don Zebe acababa de subir al muelle porque él también oyó la multitud. Estaba de pie en la cubierta que estaba sobre el lugar donde Santiago y Juan estaban trabajando.

Entonces Juan preguntó: —Papá, ¿podemos tomar un descanso e ir por allá para escuchar lo que Jesús está diciendo?—

—No, chicos ustedes deben terminar el trabajo—, le respondió Don Zebe mientras miraba por la borda del barco, hacia abajo donde los chicos estaban sentados en el muelle, en el medio de todas las redes de pesca y sudando bajo el sol ardiente.

Inmediatamente, Santiago chilló diciendo: —No nos llevará mucho tiempo, papá; simplemente vamos por unos minutos—.

—Dije que no, sigan reparando la red—, dijo con firmeza y sin titubeos. En ese momento, la multitud comenzó a moverse en dirección a ellos. Los tres hombres Zebedeo vieron como Jesús venía caminando por el muelle cerca de la embarcación. Cuando Jesús vio a Santiago y Juan se detuvo y dijo: —Hola chicos, vengan y síganme yo los haré verdaderos pescadores hombres—.

Cuando Jesús miró a los Hijos del Trueno, Él ve a dos jóvenes necesitados de una gran reparación. Ellos van a seguir los pasos de su padre y ser pescadores, por supuesto.... Pero hay algo acerca de Jesús. ¿Será el aspecto de confianza total que emite su cara? O tal vez ¿será la sonrisa de invitación, teñida de un destello de humor?

Santiago y Juan levantaron la vista hasta donde se encontraba la figura severa de su padre, de pie sobre ellos en la proa de la embarcación. El padre miró a los chicos con esa mirada petrificante, sin emociones, firme, de comandante de campo de concentración y dijo:

— ¡Adelante, salgan de aquí!—

Con reacción casi refleja los dos chicos se levantaron, tomaron las redes y las tiraron a la cubierta del barco.

—Gracias, papá—, gritó Santiago. —Sí, eres el mejor, papá—, añadió Juan, mientras corrían por el muelle para alcanzar a Jesús.

Lo que no sabían era que todo estaba a punto de cambiar

¿TE IDENTIFICAS?

Al igual que tú, Santiago y Juan se convirtieron en seguidores de Jesús cuando eran adolescentes. Atrapa esto, Jesús escogió adolescentes para que fuesen parte de los doce que Él llamaría apóstoles. ¡Adolescentes promedio!

Al igual que tú, Santiago y Juan tuvieron que aprender cómo mantenerse cristianos en la escuela secundaria. A partir de la historia de ellos se puede ver que estos chicos no lo tenían todo, ni tampoco entendieron todo inmediatamente después que siguieron a Jesús, les iba a costar algo.

LUCHAR Y COMPETIR, UNA Y OTRA VEZ

Avanza en el tiempo y llega a un pequeño grupo de discípulos que siguen a Jesús a lo largo del campo. El grupo incluye ahora a los Hijos del Trueno.

No era un secreto que Santiago y Juan competían constantemente. Ellos discutían todo el tiempo y volvían locos a los otros discípulos. Todo era una competencia entre estos dos. Mientras cruzaban los caminos de tierra de un pueblo a otro con Jesús, ellos tenían que inventar juegos para pasar el tiempo. Santiago recogía una piedra y desafiaba a Juan para ver quién podía lanzarla más lejos. Si el resultado era muy ajustado empezaban a pelear.

—La mía llegó más lejos—, diría Santiago.

— ¡Sí *claro!* ¿Estás ciego? ¡Yo lancé mi piedra kilómetros delante de la tuya!— Juan respondía.

—Sigue soñando, tú lanzas como una niña. Me sorprende que incluso pudieras levantar esa piedra, eres tan débil y afeminado—.

—Cállate, brazo de nena—.

—No deberías hablar, mariquita—.

—Vamos a preguntarle Bartolomé. ¡Hey, *Bartolomé!*—

Los otros diez discípulos están listos para matar a estos dos niños. Bartolomé vuelve los ojos en blanco. ¿En qué estaba pensando *Jesús cuando escogió a estos dos fulanos?* ¡La competencia, el desafío, la rivalidad sin fin!

Y de paso, muy difícilmente pensaban en alguien más, en su mente solo estaban ellos mismos. No les importaba estar volviendo locos a los otros discípulos. No les importaba avergonzarlos en cada ciudad y pueblo que entraban. Desde luego, ellos no se daban cuenta de que el deseo de ser siempre el primero mostraba sus verdaderos colores: egocentrismo extremo, egoísmo al máximo.

En lo único que Santiago podía pensar era en Santiago y en lo único que Juan podía pensar era Juan. ¿Cómo es que alguien que seguía a Jesús día a día podía estar tan absorto en sí mismo? El espíritu competitivo los consumía tanto que creaba estruendosas explosiones en todo momento.

Pero piensa: ¿Puedes mantenerte cristiano en la secundaria de esa manera? o ¿debes soltar el espíritu competitivo y argumentativo de pelea? ¿Podrían Nitro y Glicerina dejar pasar las cosas?

¡Hablando de egocéntricos! Santiago y Juan eran tan competitivos que incluso peleaban sobre quién era mejor siguiendo a Jesús. Los muchachos se preocupaban por estar a la cabeza y se negaban a verse a sí mismos como material perdedor. Estos chicos eran tan centrados en sí mismos que incluso trataron su egoísmo como si fuera una virtud espiritual. A esto es lo que me refiero: Un día Jesús estaba hablando acerca del reino de Dios, como de costumbre. Más tarde, a lo largo del camino, Santiago y Juan hicieron sus propias aplicaciones personales.

—No puedo esperar—, dijo Juan. —Quiero tener una casa grande en ese reino—.

—Yo quiero una mansión—, dijo Santiago.

—Bueno, le caigo muy bien a Jesús, así que creo que me va a dar un montón de sirvientes también—.

—Le puedes caer bien pero Él cree que yo soy realmente genial, es muy probable que me deje ser el alcalde de una de las ciudades del reino, algo así como cuando José gobernó en Egipto—.

—Bueno, si Él te da una ciudad a mí me dará una más grande—.
—Siempre estás pensando en ti, Juan. ¿Te has puesto a pensar que tal vez Jesús me podría dejar gobernar a su lado?—

— ¿Junto a él?— Juan cuestionó. — ¿Qué quieres decir? ¿Tú piensas que vas a tener un trono al lado de Jesús? ¡Si que eres tonto!—

Santiago interrumpe a su hermano Juan en medio del camino y lo mira con severidad a los ojos, sin ni siquiera parpadear y con toda seriedad, le dice: —José gobernó en Egipto, Daniel gobernó en Babilonia y yo no soy diferente a ellos—.

Ahora Juan está pensando que su hermano puede tener un punto a favor. — ¡Pues entonces yo voy a gobernar con Él también!—

—Tú no lo vas a hacer. *Dos* personas no pueden gobernar con Él—.

—Por supuesto que puedo—, le respondió Juan. —Yo voy a ser el hombre a su derecha y tú puedes ser… *umm*… el hombre de la izquierda—.

—Estás mal, compañero. Yo voy a ser el de la derecha y tú serás el de la izquierda—.

— ¡Ni siquiera distingues cuál es tu derecha y tu izquierda!— Y comienza la lucha, una serie de golpes con palabras seguidos de un par de intentos de bajar los humos.

— *¡Bueno!* ¡Preguntémosle a Jesús!—

Los Hijos del Trueno van donde Jesús y le preguntan si pueden gobernar con Él, uno a la izquierda y otro a la derecha (lee sobre esto en Marcos 10:35-45). Ellos estaban tan absortos en sí mismos que no se daban cuenta de que los otros discípulos estaban escuchando todo el asunto.

Jesús le pregunta a Santiago y a Juan si son capaces de beber la copa que Él bebería y de experimentar el bautismo que Él tendría que soportar, Jesús hablaba del sufrimiento que iba a venir. Naturalmente, ellos le dicen a Jesús: — ¡Por supuesto que podemos!—

A medida que los otros discípulos se tornan más indignados, Jesús los reúne a todos para una sesión de enseñanza. Él le dice a sus seguidores que la copa que Él va a beber y que el bautismo que iba a experimentar significaba algo más que simplemente sufrir la humillación. La copa y el bautismo hablan de *servir* en humildad. Jesús les dice que para ser grandes, deben estar al servicio de los demás y si quieren ser el número uno debe verse a sí mismos como los últimos, por lo menos, como el esclavo de los demás.

Jesús siempre dice cosas así…

Los últimos serán los primeros.
Es mejor dar que recibir.
Trata a los demás mejor de lo que te tratas a ti mismo.
Hay que perder la vida para encontrarla.
Si quieres vivir debes morir.

Al tú ser un discípulo, ¿cómo puedes aplicar esas palabras de Jesús? Si quieres mantenerte cristiano en la secundaria tienes que darle a Jesús el control sobre tus ambiciones egoístas y permitirle a Él que desarrolle un corazón de siervo en ti.

~

No hace mucho tiempo me encontré con una chica llamada Julie, una estudiante de segundo año en la escuela secundaria. Julie acababa de regresar de un viaje misionero a Haití que había hecho con el grupo de jóvenes. Ella me dijo: —No me di cuenta de lo egoísta y ensimismada que estaba, hasta que vi a esos niños que no tenían nada, y aun así, estaban tan felices—. Cuando Julie llegó a casa, se sentía con náuseas y avergonzada de todo lo que tenía, además de lo mucho que había esperado que otros le sirvieran.

—Nunca había pensado realmente en servir a los demás—.

Le pregunté a qué se refería.

—Bueno, creo que sólo he "servido" a otros cuando tuve que hacerlo, como cuando mi grupo de jóvenes hizo proyectos de alcance—.

Así que, ¿adivina que sucedió? Julie comenzó *a orar para que Dios le diera un corazón de sierva*. Se sintió condenada por todas las cosas que poseía, de modo que empezó a regalar lo que tenía, además también comenzó a buscar proyectos que pudiera llevar a cabo por su cuenta. Entonces encontró oportunidades para comprometerse a llevar bondad de manera eventual, por lo que Julie fue a hogares de ancianos y leyó libros a los ancianos; asimismo hizo arreglos para cuidar a niños pequeños de forma gratuita de tal manera que las madres pudieran tener un descanso de vez en cuando.

Julie se convirtió en una sierva con un corazón de sierva. Si tú deseas permanecer cristiano en la escuela secundaria, tienes que seguir a Cristo, aquel que "no vino para ser servido, sino para servir, y para dar su vida en rescate por muchos" (Marcos 10:45).

A diferencia de Santiago y Juan, Julie demuestra que si deseas permanecer cristiano en la escuela secundaria, necesitarás entregarle a Jesús el control de tu espíritu competitivo y las ambiciones egocéntricas. Permite que Él desarrolle en ti un corazón de siervo.

INSENSIBLES E HIRIENTES

Volvamos a Santiago y Juan. Además de las peleas y el egocentrismo, creo que Jesús vio algo más en estos adolescentes que le hizo llamarlos Hijos del Trueno: pienso que ellos eran unos arrogantes impetuosos. Mi conjetura es que estos chicos decían y hacían cosas que eran muy hirientes para otros. Sin pensarlo, es probable que golpearan de forma rápida y electrocutaran a personas inocentes, del mismo modo en que un rayo lo hace.

Ellos siempre tenían fricciones con los demás y vivían en constante rivalidad acerca de todo. Sus espíritus argumentativos e irascibles significaban un agotamiento incesante para sus amigos y familiares.

Un día uno estaba en la garganta del otro. Santiago comenzó a exasperar a Juan y este decidió que ya lo había aguantado suficiente. Comenzaron a lanzarse insultos el uno al otro, todo inició como una guerra de palabras pero a medida que la guerra de palabras se hizo más intensa, también lo hicieron los niveles de sus voces. No se dieron cuenta de que estaban gritándose uno al otro, su madre estaba en el otro extremo de la casa y podía escuchar sus palabras. Ella estaba empezando a perder la paciencia porque estas peleas se estaban convirtiendo en algo regular en la casa.

Santiago comenzó a molestar a Juan, diciéndole que era una "gallina" por alguna tontería que Juan había dicho. Juan le respondió diciéndole a Santiago con algunos insultos bien pensados, al momento que le lanzaba un codazo en el estómago mientras Santiago caminaba a su lado. Entonces Santiago le devolvió el golpe empujando Juan y así se armó el alboroto.

Mamá estaba casi al límite de la paciencia. Ella tomó la escoba (ese era el instrumento para disciplinar a adolescentes de mamá) y se dirigió hacia la zona actual del combate. Parecía que los chicos se estaban matando. Mamá estaba furiosa, podía oírlos arriba en el pasillo golpeando las paredes, lanzándose uno al otro en el suelo, empujándose uno al otro, todo el tiempo gritando y gritando. En esos días, el más mínimo altercado se había convertido en un huracán de testosterona que se disparaba por completo en el hogar casi todos los días. Mamá sostuvo la escoba en la mano como si estuviera cargando un fusil con la bayoneta en llamas.

— ¡Ya he soportado suficiente con estos dos! Esos chicos están a punto de conocer a mi escoba—, murmuró en voz baja.

Cuando llegó a la parte superior de la escalera vio a los dos muchachos, uno encima del otro rodando por el suelo. Estaban entrelazados de tal manera que era difícil saber cuál parte del cuerpo era de Santiago y cuál era Juan; sin embargo, cada uno había conseguido tener un brazo libre y frenéticamente estaban tirando golpes y sacudiendo lo que pensaban que era el torso del otro.

Mamá atacó al huracán utilizando el palo de escoba para hacer palanca entre Juan y la espalda de Santiago. Ella logró posicionarse entre los dos para que se calmaran.

— ¡No sé qué hacer con ustedes, muchachos!—, gritó. —Esto va a parar. Estoy cansada de esta lucha y competencia entre ustedes dos. Ya me cansé, esto tiene parar de una vez por todas—, dijo ella mientras trataba de recuperar el aliento, agotada por su conquista contra la tormenta de S & J.

La rivalidad entre hermanos era sólo una manera de que sus ánimos se caldeaban. Imagino que, dado que estos chicos no podían controlar su temperamento en su propia casa, es probable que eso asomara en público también. Siempre estaban apuntando sin el seguro y con el dedo en el gatillo listo para disparar en la más pequeña cosa.

Santiago y Juan estaban teniendo uno de esos días, discutiendo y peleando. Se detienen para almorzar en McDavid, el lugar de "el rey de todas las hamburguesas" y por supuesto, son groseros con el personal. La ira que hace estragos en ellos empieza a salir en sarcasmos. Recogen un periódico abandonado y comienzan a leer sobre un sujeto que fue maltratado y robado por unos matones samaritanos. Santiago y Juan no soportan a los samaritanos, de hecho la mayoría de los judíos no soportaban a los samaritanos. En eso Santiago dice: —Si alguna vez alguien tratara de robarme, le daría una buena paliza—.

—Hey, yo mataría al tipo—, dice Juan. —Sería autodefensa, ¿verdad?—

Ellos siguen hablando y fantaseando con organizar un grupo para salir a encontrar a los ladrones y patearles su samaritano trasero. Los muchachos salen del restaurante y al salir a la calle, un hombre se acerca a Jesús con una pregunta: — ¿Qué debo hacer para tener la vida eterna?—

Los dos adolescentes han escuchado a Jesús responder preguntas como esa antes pero esta vez Jesús capta su atención. Jesús le dice al hombre que él debe amar a Dios con todo su corazón, con toda su alma, mente y fuerza, y que también debe amar al prójimo como a sí mismo. El hombre no parece entender cuál es el punto, así que pregunta de nuevo a Jesús: —Pero, ¿quién es mi prójimo?—

Como respuesta, Jesús cuenta una historia: —Un hombre descendía de Jerusalén a Jericó, y cayó en manos de ladrones, los cuales le despojaron; e hiriéndole, se fueron, dejándole medio muerto—. (Lucas 10:30).

Jesús ve que los Hijos del Trueno están empezando a encenderse. Están listos para que Jesús dé la orden, entonces ellos se irían a tomar sus armas con el propósito de patear traseros de ladrones. Sin embargo, antes de que Nitro y Glicerina puedan explotar, Jesús lanza un: "Aconteció que…" en la historia. Inmediatamente los Chicos

Trueno se engancharon de nuevo, porque hay más en la narración: "... descendió un sacerdote por aquel camino, y viéndole, pasó de largo. Asimismo un levita, llegando cerca de aquel lugar, y viéndole, pasó de largo. Pero un samaritano, que iba de camino, vino cerca de él," (versículos 31-33).

—Que escoria de samaritano—, piensa Santiago, —probablemente le va a robar todo lo que le queda al pobre tipo—.

La mente de Juan también está volando demasiado: —Si ese punk toca al chico... — ¡Pero el samaritano hace un alto y tiene compasión del hombre golpeado! Arriesga su propia vida al tomar tiempo en ese cañón para vendar las heridas del hombre. A continuación, el samaritano pone al hombre en su burro. Él sabe que esto va a retrasar su propio viaje, porque ahora tiene que caminar millas pero el samaritano compasivo va a llevar a ese hombre a un lugar seguro sin importar las consecuencias.

Santiago mira a Juan. ¿Un samaritano compasivo?" ¿Por qué una escoria como esa *quiere ayudar*?

Jesús sabe lo que estos chicos están pensando y narra cómo el samaritano viaja kilómetros de kilómetros con el herido, además el samaritano se detiene con frecuencia para atender las heridas del pobre hombre. Si no hubiera hecho eso, el hombre herido probablemente habría muerto.

Continúan el viaje hasta que llegan a un pueblo. Una vez allí, el samaritano lleva al herido a un refugio donde pueda recibir atención médica y ser alimentado de nuevo hasta que recobre la salud. En eso le dicen al samaritano que la recuperación del hombre tomaría mucho tiempo y que sería costoso, alrededor de $800 al día.

Santiago y Juan se miran entre sí con los ojos abultados y saltados.

—Vaya, ¿ochocientos dólares al día?—

Jesús lo repite y continúa narrando cómo el samaritano llega hasta el cajero automático más cercano, retira $1.600 y se los da al director del refugio. El samaritano le dice al director que volverá dentro de dos días con más dinero, él va a pagar lo que sea necesario para que este hombre recupere la salud. La vida del hombre se salvó debido al samaritano compasivo.

Ahora, sobre este asunto original del prójimo, mira lo que dice la Escritura:

> *"¿Cuál de estos tres piensas que demostró ser el prójimo del que cayó en manos de los ladrones?*
> *—El que se compadeció de él —contestó el experto en la ley.*
> *—Anda entonces y haz tú lo mismo —concluyó Jesús".*
> *(Lucas 10:36-37)*

Probablemente, en este punto Santiago y Juan están en silencio. ¿Cómo se sentirían? Recuerdan de nuevo la última hora y se ven a sí mismos siendo groseros con los trabajadores en McD, además querían hacer estragos con algunas personas que son considerados samaritanos. Y ahora, ven a este tipo en la historia de Jesús ser más amoroso y sacrificado de lo que ellos nunca hubieran contemplado ser. ¿Cómo te sentirías?

~

Aquí es donde los Hijos del Trueno realmente empiezan a cambiar. Mira, sus corazones se fundieron por el amor de Jesús, por Sus palabras, por Su presencia, por Su ejemplo, a través de Sus oraciones por ellos. Empezaron a darse cuenta de que en realidad *no podían amar a Dios si no amaban a otros.*

¿Te identificas? ¿Puedes amar al despreciado?

¡Ten cuidado con lo que respondes! Te bajará unos niveles en la escala de popularidad si hablas con la persona por la que nadie se preocupa. Eso podría hacer que algunas personas te eviten, si no te les unes en la diversión de empujar al "perdedor". Algunos chicos te pueden rechazar pero si deseas mantenerte cristiano en la secundaria, entonces vas a tener que hacer todo con... *amor*.

Pienso en David, un chico que ahora está en su último año en la secundaria y es activo en todo tipo de posiciones de liderazgo en la escuela. A David le solía preocupar lo que la gente pensaba de él, hasta que llegó el campamento de verano entre su segundo y tercer año de secundaria. Cuando regresó a la escuela, decidió dejar de intentar de ser parte de, ya que estaba bien sobresalir como cristiano y estaba bien ser más amoroso.

Dios puso a prueba a David ese año. David fue presidente del cuerpo de estudiantes y a menudo tenía que hablar delante de toda la escuela. Un día, Ryan, un flaco chico pequeño de primer año se le acercó y le dijo: —Quiero estar contigo y ser tu amigo—.

David estuvo de acuerdo, a pesar de que sabía que sus amigos populares nunca se unirían con este chico. Sin embargo, Ryan se mantuvo ahí y David siguió siendo amable. A menudo, David tuvo que orar por amor, porque comenzó a convertirse en algo un poco irritante.Seguir aquí.

Y finalmente llegó la gran prueba: era la hora de almuerzo y David estaba en la cafetería. Ryan vino y se sentó con David, junto a los muchos amigos *cool* de David. Esos amigos estaban seriamente molestos y algunos se encargaron de ridiculizar al pobre chico de primer año.

¿Qué hizo David? ¿También hizo pedazos a Ryan? ¿Se deshizo de su nuevo amigo y se armó de excusas de por qué tuvo que dejarlo atrás? No. David enfrentó a sus amigos arrogantes y defendió Ryan. Uno de los amigos de David le dijo: —No sé por qué toleras a ese niño, ¡él es tan peculiarmente *raro!*— Y con eso, todos los amigos de David se levantaron y se fueron, dejándolo a él y Ryan solos en la mesa.

Entonces David dijo: —No le prestes atención a ellos, Ryan. A veces no piensan antes de hablar—. Entonces los dos se sentaron en silencio durante unos segundos (pero parecieron como una hora) antes de que Ryan finalmente rompiera el silencio. En aquel momento, le dijo a David que él solía creer en Jesús pero cuando entró a la secundaria decidió que el cristianismo era un montón de mentiras. ¿Por qué? Ryan decidió eso ya que su familia fue muy lastimada por algunas personas que decían ser cristianas. Por lo que Ryan resolvió que no volvería a creer en Jesús y en lugar de eso sería ateo. Ryan hizo una pausa y luego continuó diciendo: —Sin embargo, durante las últimas semanas tú has sido tan genial conmigo que por primera vez en mi vida, de hecho, he visto a Jesús. Si tú eres como Jesús, entonces yo quiero ser un cristiano como tú—.

Si quieres mantenerte cristiano en la escuela secundaria, entonces ama, ama, ama, con un corazón de siervo. Ora para amar a los no deseados.

HIJOS CON CORAZONES DE SIERVOS

¿Recuerdas la primera escena en la que Jesús llamó a los chicos a seguirle? Ese fue el comienzo de un cambio profundo y gradual en el corazón de Santiago y Juan. Sé que el llamado de Jesús cambió a estos chicos, porque más tarde Juan escribió más sobre el amor en su evangelio (y en las epístolas de Primera, Segunda y Tercera de Juan) que cualquier otro escritor del Nuevo Testamento.

Cuando Juan escribió el Evangelio de Juan, nos recuerda que Jesús dijo que sus discípulos están marcados por una cualidad fundamental: el amor. Jesús dijo: "Este mandamiento nuevo les doy: que se amen los unos a los otros. Así como yo los he amado, también ustedes deben amarse los unos a los otros. De este modo todos sabrán que son mis discípulos, si se aman los unos a los otros" (Juan 13: 34-35). El distintivo número uno que separa a los cristianos de todos los demás no es la forma en que son piadosos, no es cuanto saben sobre la verdad, ni siquiera es lo bueno que sean. La característica numero uno es lo mucho que aman.

Una y otra vez, Juan nos menciona que debemos amar. Él dice:

- Dios amó tanto al mundo que dio a su único Hijo (Juan 3:16).
- El amor del Padre está en nosotros (Juan 14:21).
- Amamos a Dios guardando sus mandamientos (Juan 14:23-24).
- El Padre y el Hijo nos aman (Juan 15:9).
- Podemos permanecer en el amor (Juan 15:10).
- No hay mayor amor que el que da su vida por un amigo (Juan 15:13).
- La gente va a ver a Cristo en nosotros cuando amemos (Juan 17:26).
- El amor de Dios se perfecciona en nosotros (1 Juan 2:5).
- Dios derrama Su amor en nosotros y nos llama a Sus hijos (1 Juan 3:1).
- Hemos conocido el amor, porque Cristo dio su vida por nosotros (1 Juan 3:16).
- Cuando amamos, mostramos que conocemos a Dios (1 Juan 4:7-17).
- El amor echa fuera el temor (1 Juan 4:18).

El amor es la marca distintiva de la vida de un discípulo de Jesús. Esta marca nos hace hijos e hijas de Dios. ¡Imagina eso! Santiago y Juan pasaron de ser los Hijos del Trueno a ser hijos de Dios, ellos fueron transformados por el amor.

Si quieres mantenerte cristiano en la escuela secundaria entonces sumérgete en el amor que Dios tiene para ti y deja que fluya hacia otros. Empieza orando para que Jesús te haga increíblemente consciente de lo amado que eres ante sus ojos. Además, si deseas permanecer cristiano en la secundaria, ama a Dios con todo tu corazón, con toda tu alma, con toda tu fuerza y con toda tu mente, así el amor hacia otros comenzará a surgir.

Invita a Jesús para que haga de ti una persona amorosa, así como Él es amoroso. Si tú lo haces, vas a enfrentar algunas decisiones difíciles.

UTILIZA EL PRINCIPIO DE SUSTITUCIÓN EN TU VIDA

Creo que con el tiempo Santiago y Juan tuvieron que replantearse las compañías con las que se rodeaban y tuvieron que dejar de lado ciertas actividades "divertidas". (Apuesto a que era difícil decir que no iban más de fiesta.) Tuvieron que entregarle al Señor ciertos hábitos de pensamiento y de expresión que les hacía pelear, competir y hablar mal. Probablemente tuvieron que renunciar a salir con algunos amigos que estaban en la escena de la fiesta y además tuvieron que evitar ciertos lugares e influencias para romper los viejos hábitos que habían formado. Santiago y Juan tuvieron que estar cerca de Jesús y ahí encontraron que Él operaba en algo a lo que llamo el *Principio de Sustitución*.

El Principio de Sustitución funciona así: Si quieres que algo salga de tu vida, no te desesperes para cambiarlo, más bien, introduce algo que lo ahogue para que salga hacia fuera. Reemplaza algo malo con algo piadoso. Para permanecer cristiano en la secundaria, *sustituye lo que está dañado en tu vida con cosas buenas.*

Juan escribe sobre esto también. Creo que aprendió bien la lección cuando era un adolescente. En 1 Juan te dice que Dios desea llenarte de su gozo y hacerte completo (ver 1: 4). Probablemente Juan pensó que estaba experimentando la alegría más grande del mundo cuando estaba drogado, fumando marihuana en el patio trasero, pero luego se dio cuenta de que Dios podía hacer su alegría más grande y completa. Él quería esa alegría, así que aprendió la forma de sustituir su alegría por la alegría de Dios.

¿Puedes hacer eso también? Sí. Sólo pon en marcha estas tres estrategias de sustitución:

1. Pon tu vida en la luz. Juan seguramente sabía que las cosas en las que estaba "escondido" eran oscuridad y tenía dos opciones: o continuaba viviendo en la oscuridad haciendo todas las cosas que él hacía, o podía comenzar a exponerse a la Luz (Dios).

En 1 Juan 1, él te dice que tienes que empezar a hacerte amigo (tener comunión) de la luz. Eso significa que tienes que comenzar a elegir amigos que van a influir en tu vida de manera que crezcas más cerca de Dios. (Recuerda, que hablamos de eso en el capítulo 3 con Daniel y sus amigos.)

2. Disfruta de Dios como tu amigo. Mira, la comunión no implica sólo hacer buenas amistades con amigos que honran a Dios, también significa que tú pasas más tiempo permitiéndole a Dios ser tu amigo. Juan dice que es necesario tener comunión con Jesús. Y compara esto con tener caminatas frecuentes con Él. "Pero si andamos en luz, como él está en luz, tenemos comunión unos con otros, y la sangre de Jesucristo su Hijo nos limpia de todo pecado". (1 Juan 1:7)

Andar con Jesús implica pasar tiempo con Él e incluye hablar con él y escucharle a Él. Si deseas mantenerte cristiano en la secundaria, necesitas pasar tiempo con Jesús al aprender más acerca de Él. Puedes lograr esto al involucrarte en estudios bíblicos y leyendo de la Palabra de Dios.

(Ahora vamos a ser honestos con esto, el Principio de Sustitución sólo reemplaza lo que tú te propongas reemplazar. Si piensas que sólo con ir y estar sentado en un estudio de la Biblia vas sustituir la alegría, entonces estás equivocado. Sólo vas a sustituir el "tiempo de fiesta" quizás con un tiempo "productivo". Lo único que se sustituye es el tiempo. Pero si deseas reemplazar la oscuridad con la luz entonces tienes que atrincherarte y aprender. Lee la Palabra de Dios para aprender más acerca de Jesús. Piensa que puedes hacer durante el día para aplicar algo que has leído en la Biblia.)

3. Habla, luego escucha. Esto trata sobre la oración, una gran "luz" para reemplazar la "oscuridad". Habla con Dios acerca de las cosas que piensas, luego escúchalo. Una de las mejores cosas que puedes hacer para sustituir la oscuridad con la luz es pedirle a Dios que te enseñe algunas cosas, y luego estar en silencio. Dios hablará a tu corazón. Toma el tiempo, en silencio, para escucharlo.

El Espíritu Santo fue enviado para que sea el maestro en tu vida. Él te pide que hagas cosas a través de tu conciencia, esa pequeña voz en tus pensamientos. Él te guía al hacer que las cosas que lees en la Biblia sean muy claras. Él también te guía al darte ideas de qué puedes hacer para que lo que estás aprendiendo forme parte de tu vida. Él cambia los fuertes deseos de estar en la oscuridad por un amor a la luz.

Santiago y Juan conocían esto y lo experimentaron. Ellos pasaron de ser los Hijos del Trueno a ser hijos de Dios. Pasaron de amantes de la oscuridad a caminar en la luz, fueron transformados de Nitro y Glicerina, adolescentes llenos de ira, a discípulos marcados por el amor. Cambiaron y dejaron de ser los hermanos Aprieta y Empujón, los muchachos competitivos y arrogantes, para ser siervos. Fueron revolucionados y pasaron de ser *Rock and Roll* (los chicos que pensaban que un estilo de vida de fiesta era satisfactorio) a chicos que sustituyeron la basura con la plenitud de la alegría.

Si quieres ser cristiano en la escuela secundaria, permite que Jesús te haga más centrado en los otros y más amoroso, mientras aprendes a caminar en la luz. La vida es realmente fantástica y satisfactoria. Comienza a reemplazar la basura con las cosas santas.

¡Piénsalo!

Si deseas mantenerte cristiano en la escuela secundaria, tienes que estar dispuesto a permitir que Jesús sustituya gradualmente el material dañado que hay en ti con las cosas buenas.

PARA PENSAR

1. ¿Cómo te ha cambiado Jesús desde que lo conociste por primera vez? ¿Puedes describir algunos de los cambios más difíciles que han sucedido?
2. ¿En qué medida te identificas con Santiago y Juan como los Chicos Trueno?
3. ¿Con qué frecuencia sientes la necesidad de ser mejor que los demás a toda costa? ¿Está bien ser el primero en algunas cosas? Explica por qué.
4. ¿Qué ideas clave de este capítulo puedes llevar contigo a la secundaria mañana? ¿Cómo van a hacer una diferencia en tus actitudes o acciones?
5. ¿De qué manera te gustaría aplicar el Principio de Sustitución en tu vida? ¿Cuál sería el principal reto que vas a enfrentar?
6. En tu opinión, ¿cuál es la cosa más difícil al aceptar el desafío de tener un corazón de siervo con amor? ¿Cuál es el primer paso para superar esa dificultad?
7. Pasa unos minutos en silencio, abre tu corazón al llamado de Jesús. ¿Qué te está diciendo ahora mismo Jesús?

6

TIMOTEO: DEPENDE DE JESÚS

— ¡Vaya, te ves bien maltratado! ¿Qué pasa?—

—No puedo hacer esto, Pablo. Oro todos los días para que Dios arranque este "aguijón" de mí, pero Él no lo hace—.

—Hey, tal vez no estás confiando en Dios, Tim—.

— ¡Oh, genial! Soy muy malo como cristiano y además no confío de Dios. Cada
Vez esto se pone mejor—.

Ella estaba allí, sentada frente a él con rostro de preocupación y sentimiento de derrota. Entonces Dan, el pastor de jóvenes le preguntó a Lisa: — ¿Qué quieres decir, cuando mencionas que no tienes un gran testimonio?—

—Bueno, yo crecí en un hogar cristiano—, dijo Lisa. —Siempre fui a la iglesia...desde que *nací*, en realidad. Nunca han sucedido cosas malas en mi vida y yo nunca he hecho nada malo como para tener que ser salva de tales cosas—.

—Entonces, ¿qué hay de malo con eso?—

—He estado escuchando todas estas otras historias locas como: "Yo era un neonazi, un mata monjas adicto a las drogas que sacrificaba animales a Satanás antes de cumplir los seis años pero entonces, ¡Dios me salvó!" Y mi historia no es así. Por lo que, ¡realmente no tengo un testimonio!—.

—Oh, ya entiendo—, dijo Dan. —Tú piensas que las personas no van a estar interesadas en saber de ti porque nunca fuiste rescatada de algo espectacular. Pero ¿alguna vez te has detenido a pensar que la cosa espectacular no se trata de *qué* te salvaron... sino *que* Dios te salvó?—

La preocupación de Lisa tenía sentido para Dan. Ella iba a viajar a Venezuela con el equipo del proyecto ministerial de este año y la semana anterior la mayoría de los adolescentes había dado sus testimonios. No hubo tiempo para que todo el mundo hablara, por lo que Lisa estaría compartiendo el testimonio de ella hasta la próxima reunión, que sería mañana. En el transcurso de la semana, Lisa se preocupó más y más sobre qué podría decir. Por último, había llegado a hablar con su pastor de jóvenes.

—Entonces, ¿estás diciendo que el testimonio de todos es impresionante?— Lisa continuó.

—Sí. Sólo hay que poner el énfasis en lo correcto. La parte más impresionante de ser salvado de las consecuencias del pecado es que Jesús lo hizo todo. Él te salvó y luego eres llamada a depender de Él para mantenerte creciendo día a día, con el fin de ser más como Él. Todo este proceso es la salvación y todo es por Su gracia. ¿Ves? El énfasis está en Jesús, ¡no en tu vida pasada de mata monjas! Lo que Dios hizo fue magnífico—, dijo Dan.

—Nunca lo había pensado de esa manera, Dan. Tienes razón, mi testimonio tiene que ser todo sobre Jesús y cómo Él ha estado allí para mí durante toda mi vida—.

—Correcto, Lisa. La sangre que Jesús derramó por ti es aún poderosa hoy en tu vida. Te mantiene salva de tu pecado. No necesitas llamar la atención sobre el pasado sino más bien sobre el presente trabajo continuo de la salvación—.

—Espera, espera, me perdí allí—, Lisa interrumpido. —Sé que el énfasis debe estar en Jesús pero ¿qué quieres decir cuando mencionas que: "Él me sigue salvando" o "el presente trabajo continuo de la salvación"?—

—Lisa, la salvación es un proceso, no un evento único. La sangre de Cristo está constantemente limpiándote del pecado, todos los días, a cada hora, a cada momento. Se mantiene limpiándote de tu pecado. Eres tan libre de pecado como el primer día que dejaste que Jesús fuera su Salvador—.

—Pero todavía tengo la sensación de que "lo cristiano" es mostrarle a la gente que eres perfecto. ¿Si los no cristianos me ven echando a perder las cosas, eso no sería un mal testimonio?—

~

¿Qué le dirías a Lisa? ¿Creciste en un hogar cristiano también? Yo sí. He conocido acerca de Cristo durante toda mi vida, y yo confié en Él como mi Salvador cuando era joven.

Yo sé que lo que Jesús hizo por mí fue extraordinario pero no me gustaba que mi fe fuera tan simple como la vainilla. No fui salvo de sacrificios de animales al estilo neonazi; ¡Solo era un niño cuando Él me salvó!

Sin embargo, también creía que tenía que ser perfecto. Esas dos cosas hacían la vida cristiana relativamente tranquila para mí... y *no* muy libre.

Lisa se siente de la misma manera y eso puede ser un problema. Mira, hay un peligro en sentirse cómodo con la fe. Es como entrar en un coma espiritual y estás muy cerca de ser falso. Es ese punto cuando dejas de centrarse en lo que Jesús hizo y está haciendo cada día en tu vida.

Afortunadamente, hay un adolescente en la Biblia que se parece mucho a Lisa y a mí. Y tal vez se parece mucho a ti también, vamos a ver su testimonio.

ÉL CRECIÓ COMO CRISTIANO TAMBIÉN

Conoce al adolescente Timoteo. Él se crio en un hogar cristiano con su madre, Eunice, y su abuela, Loida. Estas mujeres fieles criaron y le enseñaron a Timoteo acerca de Jesús desde el primer día. Y mira esto: el pastor de jóvenes de Timoteo fue el apóstol Pablo. Imagínate las conversaciones entre esos dos....

Timoteo vino al grupo de jóvenes de una noche. A él le gusta llegar temprano para pasar el rato con sus amigos y hablar. Él está de pie allí cuando Pablo entra. — ¡Oye, amigo! ¿Todo bien?— dice Pablo cuando ve a Timoteo. — ¿Cómo va la escuela?—

—Creo que va bien, supongo—, le dice Timoteo. —No me gusta la biología. Tampoco creo que le caiga bien al profesor porque hablo con mi compañero de laboratorio demasiado—, responde Timoteo.

—Bueno, eso es fácil de solucionar, ¡dejas de hablar tanto!— Pablo le dice en broma. Luego toma el brazo de Timoteo y le dice: —Hablemos unos minutos después de la reunión—.

Timoteo está de acuerdo, pero empieza a preocuparse. *¿Por qué Pablo quiere hablar conmigo? ¿Qué hice? Tal vez él no estaba bromeando cuando dijo que yo debería dejar de hablar. Tal vez él me va a dar una charla sobre hablar demasiado en clase.*

Pronto se estaba volviendo loco. *¡Voy a preocuparme por esto a lo largo de toda la reunión!*

Pablo se levantó para dar su mensaje. Él le dijo al grupo que Dios había comenzado un gran trabajo en ellos. —Y Dios será fiel en terminar esa obra que comenzó. Él te ha creado para hacer buenas obras en el reino—.

¿Estoy haciendo buenas obras? Timoteo se preguntó. *¿Es eso lo que quiere hablar conmigo?* Entonces empezó a pensar acerca de si él estaba haciendo algo malo y luego empezó a pensar si él estaba haciendo algo en lo absoluto. En cuestión de minutos, Timoteo pasó de estar bien, a estar mal, para terminar aburrido. ¡Hombre, estoy confundido!

Después de la reunión del grupo de jóvenes, Pablo se reunió con Timoteo. —Tim, creo que Dios te está haciendo un líder. Puedes ser un gran ejemplo para tus amigos. Me gustaría que seas parte de nuestro equipo de liderazgo del grupo de jóvenes—.

—Vaya, eso sería genial pero no estoy seguro de que pueda hacerlo, respondió Timoteo. —Trato de ser un ejemplo pero luego meto la pata. Entonces trato de ser perfecto pero me siento como que estoy siendo falso. Dudo que Dios comenzara la buena obra en mí, porque nada espectacular jamás me ha sucedido. Yo soy bastante ordinario—.

Pablo le sugirió que se reunieran una vez a la semana después de la escuela para hablar al respecto. Pablo quería guiar a Timoteo para que llegara a ser todo lo que Dios estaba haciendo que fuera. Él sabía que Timoteo podría ser un gran ejemplo de fe y Timoteo sabía que si de verdad iba a ser un ejemplo, necesitaría un poco de entrenamiento. Así que Pablo llegó a ser como un padre espiritual para Timoteo, le enseñaba, lo guiaba, lo desafiaba y le hacía responsable de su crecimiento espiritual. Él llama a Timoteo su hijo espiritual en la fe (puedes verlo en 1 Timoteo 1:2).

Así que Pablo y Timoteo comenzaron a reunirse regularmente en Starbucks. — ¿Cómo puedo ser un ejemplo si soy espiritualmente blabla?—, pregunta Timoteo. —No puedo ayudar a mis amigos de esa manera y me siento muy intimidado de hablar de Dios con ellos, a pesar de que he conocido a Dios toda mi vida. De todos modos, los chicos de los grados superiores deben ser los ejemplos, son los mayores de la escuela—.

—Exactamente, ese es el punto, Timoteo. Has conocido a Dios toda su vida, tienes esa chispa de fe de manera profunda en ti, en tu espíritu. Tú has dependido de esta chispa toda tu vida y puedes avivar esa chispa hasta llegar a ser un voraz incendio. Dios no hizo que el espíritu que está en ti sea un espíritu de intimidación sino uno de poder y amor y disciplina—.

— ¿Cómo puedo hacer todo eso, Pablo?—

—Bueno, primero debes entender que Dios *está* haciendo una buena obra en ti, así que no dejes que nadie menosprecie tu juventud. No tienes que ser de los chicos de grados superiores para ser un ejemplo. Deja que tu ejemplo se muestre en la forma en que dependes de Jesús para hacer crecer tu fe, tu amor, tu pureza, tu palabra y tu conducta. De hecho, Tim, esas son las cosas que van a avivar la chispa y la van a transformar en un gran fuego ardiente por Dios—. Esas Cinco Grandes áreas de crecimiento cristiano se convirtieron en el tema de conversación durante las muchas semanas que les siguieron.

Es un buen tema para cualquier adolescente, ¿verdad? Porque si deseas mantenerte cristiano en la escuela secundaria, entonces tendrás que "avivar el fuego del don de Dios que está en ti" (2 Timoteo 1:6). Se requiere una completa dependencia de Jesús para crecer en esas áreas. Entonces, al igual que Lisa y Timoteo, tú comenzarás a ver que ser un cristiano no se trata de ser perfecto o de cuántos pecados Jesús lavó de tu pasado. Se trata de Jesús mismo, que te salva y es de quien necesitas ayuda de forma continua con el fin de permanecer fiel.

De hecho, ser cristiano en la escuela secundaria se trata más sobre permitir que otros puedan ver nuestros defectos que de demostrar la perfección. A medida que seguimos creciendo, nuestro testimonio es lo que Jesús hace para cambiarnos. Así que vamos a ver más de cerca algunas de las cosas que Pablo le dijo a Timoteo sobre el crecer en grande en las Cinco Grandes.

FE: TODO COMIENZA AQUÍ

La primera forma en que Timoteo podría ser un ejemplo era en su fe. La fe es creer en algo, sin evidencias plenas pero con buena razón. Es algo continuo, en constante crecimiento que ha actuado en confianza. En otras palabras, es el lugar donde lo que tú crees se conecta con las cosas en las que tú confías. ¿Tiene sentido? Timoteo tenía algunas dificultades con eso…

Timoteo había tenido un día terrible en la escuela. Él realmente quiere ser un ejemplo y esfuerza en ello. Ora y pide a Dios que le ayude a hacer y decir las cosas correctas, cosas por las que Jesús estaría complacido con él. Timoteo siempre le pide a Dios que le ayude a tomar las decisiones correctas y le pide constantemente a Dios para que le ayude a controlar el hábito de un pecado en particular que lo mantiene tropezando.

Ese hábito, ya sabes cuál es el tuyo, ¿cierto? Pues Pablo le tenía un nombre en clave, lo llamó su "aguijón en la carne". Es muy molesto, porque por lo general podemos funcionar con eso pero la batalla constante nos desgasta. Por otro lado, a veces hace que la vida sea tan dolorosa que dejamos de funcionar en lo absoluto. Así es como Pablo vio el hábito del pecado en su vida: era una pequeña cosa molesta que a veces hacía la vida enormemente miserable.

Así que Timoteo, aún dolido por su mal día, se detiene por la iglesia para hablar con Pablo. Dejándose caer en el sofá frente al escritorio de Pablo, Timoteo saca algunos dulces de su mochila y empieza a hacerlos estallar.

— ¡Vaya, te ves bien maltratado!—, dice Pablo. — ¿Qué pasa?—

—No puedo hacer esto, Pablo. Es decir, es tan difícil ser cristiano en la secundaria. Oro todos los días para que Dios tome este… "aguijón"… lejos de mí, pero él no lo hace. Realmente soy muy malo como cristiano—.

—Hey, tal vez no estás confiando en Dios, Tim—, Pablo responde.

— ¡Oh, genial! Soy muy malo como cristiano y de paso no confío de Dios. Esto se pone cada vez mejor—, dice Timoteo con sarcasmo mientras arroja unos cuatro dulces en la boca.

—Tranquilízate, Tim. Eso no es lo que quiero decir. Sólo escucha por un minuto—.

Pablo le explica a Timoteo que Satanás tiene dos estrategias para hacer que los cristianos tengan vidas derrotadas. La primera estrategia es que te tienta. Es probable que puedas identificarte con esta. ¡Yo puedo! Las cosas que no queremos hacer, el diablo las hace fuertes deseos dentro de nosotros. Pablo habla de esto en el libro de Romanos cuando se refiere al hecho de que tenemos esta naturaleza pecaminosa en nosotros que nos hace muy vulnerables a las tentaciones de Satanás. (Toma un momento ahora mismo para ver la lucha de la vida real de Pablo con la tentación. Lee Romanos 7:15-24 ¿Puedes identificar a alguien que conoces?)

Pablo compara esta lucha a una guerra entre el Yo Bueno y el Yo Malo. El Yo Bueno conoce y quiere lo que es correcto y lo que honra a Dios. Al Yo Malo le importa un pepino eso y sólo quiere satisfacer los deseos egocéntricos.

Satanás comienza a hablar a la carne (o al Yo Malo) y apela a aquellos deseos que no honran a Dios. Sus persuasiones son fuertes y con frecuencia tienen sentido para ti. Entonces empiezas a pensar cosas como: —Esto no va a hacerle daño a nadie— o —Yo puedo hacer esto sólo una vez más— o —Todos los adolescentes hacen eso—. Luego la siguiente cosa que te das cuenta es: *PUM*, caes en la tentación. Has pasado de ser tentado (no hay nada de malo en eso) *a caer* en la tentación (ahora es pecado). Satanás quiere que peques, por lo que golpea con todo usando la tentación.

Después de que caes, Satanás inicia el proceso en *segunda* marcha. Esta estrategia implica traer acusación. El diablo empieza a hablarle al Yo Bueno, la parte que quiere agradar a Dios, y te dice que eres basura, que lo arruinaste, ¡eres un perdedor sin valor! "Nunca podrás ser la persona que Dios quiere que seas. Siempre vas a fracasar".

¿Alguna vez has escuchado esa voz antes? Satanás te dice que Dios no te ama, que tu pecado es el peor caso en la historia humana. De hecho, él te dirá cualquier cosa para mantenerte derrotado. Una vez que te lanza al suelo con la tentación, Satanás necesita mantenerte en el piso con la derrota y la culpa. La voz de la acusación funciona de maravilla.

—Pero ahí es donde entra en juego la fe, Tim—, dice un sonriente apóstol Pablo y continua: —Dios dijo que Él comenzó una buena obra en ti y que Él será fiel en completarla (busca Filipenses 1:6). Tienes que confiar en que Dios te está haciendo la persona que Él quiere que seas. Así que mira a ese aguijón como una oportunidad para correr a los brazos de Dios y darle el control sobre ese hábito. Él nunca se cansará de ti, porque te sigue amando, sin importar lo que hagas. La fe significa confiar en el amor, la gracia y la misericordia de Dios, además de que Su salvación, permanece cuidando de ti. Esto significa que si caes en la tentación, ¡tienes que levantarte! Corre a Dios, y dale el control—.

—Pero es difícil, Pablo, ¡no sentirse tan culpable cuando fallo!—

—Hey, no hay condenación para los que están en Cristo, Tim. Entonces, ¿qué parte de *no hay ninguna condenación* no entiendes? Confía en lo que Dios dice que Él está haciendo *en* ti y *a través de* ti—.

Pablo le dijo a Timoteo lo mismo que le dijo a los creyentes en Romanos 4:25-5:4.

> *Él fue entregado a la muerte por nuestros pecados, y resucitó para nuestra justificación. En consecuencia, ya que hemos sido justificados mediante la fe, tenemos paz con Dios por medio de nuestro Señor Jesucristo.*
>
> *También por medio de él, y mediante la fe, tenemos acceso a esta gracia en la cual nos mantenemos firmes. Así que nos regocijamos en la esperanza de alcanzar la gloria de Dios. Y no sólo en esto, sino también en nuestros sufrimientos, porque sabemos que el sufrimiento produce perseverancia; la perseverancia, entereza de carácter; la entereza de carácter, esperanza.*

Aquí está el punto para cada estudiante de secundaria: Eres perfectamente aceptado por Dios porque confiaste en Jesús para tu salvación. No sólo eso, sino que tienes una conexión directa con Dios, una enorme puerta abierta a Él, debido a la fe. Esa fe te da paz, incluso en tiempos difíciles. La paz viene por lo que Jesús *hizo* y *hace* por ti, no por lo que tú haces. Jesús te da el acceso a Dios; Jesús se convierte en el ancla que te hace estable.

¿QUÉ TIENE QUE VER EL AMOR CON ESO?

Una noche, Pablo le dijo a un grupo de jóvenes que a cada creyente se le dio un don espiritual o dones para edificar la iglesia. Así que, Timoteo quería saber cuáles eran los mejores dones para poder obtenerlos. —Hey, más despacio, hijo—, dijo Pablo. —Te estás perdiendo un punto muy importante acerca de lo más importante—. Entonces Pablo le explicó que el amor es lo más grande, no los dones espirituales. —Concéntrate en ser una persona que ama, Tim. La gente ve a Dios obrando en nosotros y a través de nosotros cuando somos compasivos y amorosos, no porque reclamamos ciertas habilidades—. Fue lo mismo que Pablo les dijo a los creyentes de Corinto:

> *Si yo hablase lenguas humanas y angélicas, y no tengo amor, vengo a ser como metal que resuena, o címbalo que retiñe. Y si tuviese profecía, y entendiese todos los misterios y toda ciencia, y si tuviese toda la fe, de tal manera que trasladase los montes, y no tengo amor, nada soy. Y si repartiese todos mis bienes para dar de comer a los pobres, y si entregase mi cuerpo para ser quemado, y no tengo amor, de nada me sirve. El amor es sufrido, es benigno; el amor no tiene envidia, el amor no es jactancioso, no se envanece; no hace nada indebido, no busca lo suyo, no se irrita, no guarda rencor; no se goza de la injusticia, mas se goza de la verdad. Todo lo sufre, todo lo cree, todo lo espera, todo lo soporta. El amor nunca*

> *deja de ser; pero las profecías se acabarán, y cesarán las lenguas, y la ciencia acabará.* (1 Corintios 13:1-8)

Como puedes ver, esta cosa del amor es *algo grande*. Ya lo viste en la vida de Santiago y en la vida de Juan. El amor es la marca que define a un cristiano. Jesús dijo que la gente sabría que tú eres cristiano por la forma en que amas. Como cristiano, tú tienes la oportunidad de permitirle a la gente que vea a Jesús. Tus amigos y familiares verán a Jesús cuando Él los ame a través de ti ya que tienes la oportunidad de ser un canal a través del cual Su amor fluya. Si deseas mantenerte cristiano en la escuela secundaria, entonces pídele a Dios que te ayude a amar a los demás. Si haces esa oración delante de Él, podría ser que tu corazón se quiebre más a menudo por cosas que nunca soñaste que te conmoverían.

Yo lancé ese desafío de oración a mis estudiantes universitarios. También les dije que estuvieran atentos, porque si ellos hacían esta oración entonces Dios, de hecho, la honraría. Con el paso de los días mis estudiantes empezaron a ser más amorosos. Luego, los invité a pedirle a Dios que los hiciera más amorosos con personas "difíciles" y que además le pidieran a Dios que los ayudase a ver situaciones de la vida a través de los ojos del amor. Al orar de esa manera, Dios les ayudaría a escuchar en amor cada vez que sus amigos derramaran sus problemas.

Dos semanas más tarde, uno de los chicos preguntó si podía reunirse conmigo. Él era un buen jugador de fútbol y lo primero que me dijo cuando entró en mi oficina fue: — ¡Usted trastornó toda mi vida!—

Yo no sabía que había hecho para trastornarlo a él, así que estaba muy preocupado. Entonces el estudiante me dijo: —He estado orando para que Dios me haga más amoroso, ¡y está *funcionando!*—

Su corazón se estaba quebrando por las personas. Él lloraba cuando sus amigos le hablaban de sus luchas y constantemente pensaba en el bienestar de los que le rodeaban.

— ¿Qué me está pasando, Doc? ¿Me estoy volviendo loco?—

—Tal vez estás llegando más profundamente al corazón y a la voluntad de Jesús—, le sugerí. —Pero, ¿quieres parar?—

Me dijo, en términos muy claros, que no quería detenerse debido a que estaba viendo a Jesús trabajar a través de él y eso era lo más impresionante que jamás le había sucedido. En los días que siguieron vi a este chico en acción. Sus amigos empezaron a querer lo que él tenía y se había convertido en un ejemplo al ser un cristiano que amaba.

PUREZA: MÁS QUE SEXO

Timoteo realmente quería saber cuál era la voluntad de Dios para su vida. Él decidió que él y Pablo debían hablar sobre ese punto. —Tal vez ya sabes cuál es esa voluntad, Timoteo—, le dijo Pablo.

— *¿Qué?* ¡Pero si ni siquiera tengo idea de lo que se supone que voy a hacer en los próximos años!—

—No, Tim. Todo eso lo irás entendiendo mientras caminas con el Señor por que la voluntad de Dios es lo que Él quiere para ti en *este momento*. Es una cosa diaria, el desarrollo de una pasión y de tener la prioridad número uno en la vida de agradar a Dios, guiado por Su Espíritu dentro de ti. Y puesto que eso es cierto, puedes conocer su voluntad para ti. Esa voluntad es que tengas el deseo en tu corazón de ser puro, paso a paso, durante todo el día—.

— ¿Eso es todo? ¿Solo ser puro, paso a paso, mientras me guía el Espíritu?— Casi sonaba ¡demasiado fácil! Timoteo podría hacer esto si se alejaba de la lujuria y persiguiera la fe, el amor y la paz.

Entonces Pablo le dijo: —Sólo hay que caminar en el Señor, Tim. Esa es la pureza de la que estoy hablando—.

Otra palabra en la Biblia que se refiere al proceso es el término *santificación*. Pablo le dijo a Timoteo que su propósito en la vida era agradar al Señor. La voluntad de Dios era que sus hijos fueran santificados y vivieran en pureza. La mejor manera para que un estudiante de secundaria haga esto es decidir permanecer sexualmente puro. Timoteo sabía que si iba a mantenerse cristiano en la escuela secundaria, necesitaba permitir que Jesús lo mantuviera puro en todos los sentidos pero sobre todo sexualmente puro.

¿Puedes tomar la misma decisión? la voluntad de Dios para ti es tu pureza. En el capítulo 4 vimos como José lo hizo, corrió cuando la tentación se presentó. Cuando Pablo habló a Timoteo acerca de la santificación, usó un ejemplo de pureza sexual, sin embargo, pureza también significa que tú operas con una mente pura y un corazón puro. Igualmente significa que tus motivos son puros, las conversaciones son puras, los deseos son puros, significa que lo que deseas y necesitas es puro, todo lo que haces es puro. Y al hacer esto, el Espíritu Santo será tu ayudador.

(¿Qué te parece tomar un respiro en este punto del capítulo? Abre tu Biblia y lee 1 Tesalonicenses 4:1-12, donde Pablo explica esto con más detalle. Luego pídele a Jesús que te ayude a ser puro. Esa es la voluntad de Dios y es una forma en la que puedes mantenerte cristiano en la escuela secundaria.)

LA PALABRA: ¡CUIDA TU BOCA!

Timoteo era un adolescente normal y algunas veces el lenguaje con sus amigos era diferente de lo que era en la casa o en la iglesia. Un día, Timoteo estaba hablando con sus amigos acerca de otro amigo. Estaban preocupados de que este otro amigo estaba metido en algunas cosas cuestionables. En un momento de la conversación, él y sus amigos comenzaron a hablar de "lo que habían escuchado". Lo que comenzó como la *preocupación* repentinamente cambió a *chisme*. Y para empeorar las cosas, los rumores comenzaron a incluir algunos chistes subidos de tono que rompieron el hielo para lanzar unas algunas malas palabras en buena medida.

Esta conversación estaba en su apogeo cuando Pablo pasó por ahí. ¿El resultado? Un nuevo tema de conversación para la próxima reunión de guía de Timoteo: cómo *no se debe* hablar y cómo *se debe* hablar.

1. ¡*No debería* ser así! Escuchemos. —Acabo de terminar de escribir una carta a los cristianos de Éfeso—, le dice Pablo a Timoteo mientras enciende la computadora portátil para poder leerle el borrador de la carta. —Esto es lo que les digo: "Ninguna palabra corrompida salga de vuestra boca, sino la que sea buena para la necesaria edificación, a fin de dar gracia a los oyentes."— (Efesios 4:29).

Pablo le dijo a Timoteo que los Efesios necesitaban aprender a controlar la forma en que hablaban. Algunas personas pensaban que estaba bien mentir un poquito, torcer un poco la verdad o no contar toda la verdad; por otro lado, también habían unos hablando de la gente a sus espaldas, y otros decían lo que querían en explosiones de ira. Su lenguaje tenía que ser sano y decente. "Tampoco debe haber palabras indecentes, conversaciones necias ni chistes groseros, todo lo cual está fuera de lugar; haya más bien acción de gracias." (Efesios 5:4).

Timoteo supo de inmediato que quizá debió haber cambiado el tema o desviado la conversación lejos de los chismes, cuando él y los chicos estuvieron hablando de su amigo. Probablemente se dio cuenta de que los chistes subidos de tono, las palabrotas, los comentarios lascivos eran todos muy inapropiados para los cristianos. Timoteo sabía que era difícil mantenerse cristiano en la escuela secundaria. El escuchaba este tipo de conversaciones todo el día y él sabía que no debía hablar así en la secundaria pero a veces bajaba la guardia con sus amigos cristianos.

2. Así es como *debería* ser. Pablo abrió otro archivo en su computadora y continuó: —Esto es lo que le estoy escribiendo a los Colosenses: "Sea vuestra palabra siempre con gracia, sazonada con sal, para que sepáis cómo responder a cada uno." — (Colosenses 4:6).

—La sal hace tres cosas, Timoteo. Pone de manifiesto el buen sabor de algo, te da sed y actúa como conservante. Por lo tanto, si una conversación comienza a girar mal, tu puedes redirigirla siendo gentil y hablando de cosas que sean de edificación. Y si la charla es amena y alentadora, la mayoría de la gente tendrá *sed* de escuchar más—.

Entonces Timoteo preguntó: —Pero, ¿cómo es que mis palabras pueden ser como un conservante?—

—Bueno, cuando hables, naturalmente haces al Espíritu Santo parte de la conversación, porque él vive dentro de ti. El Espíritu se encargará de conservar tus palabras en los corazones para obrar a través de ellas. Él habita dentro de los creyentes para que manifestemos la bondad y la luz de Dios a un mundo oscuro. Una de las formas que lo hace es guiando nuestra forma de hablar a fin de que nuestras palabras sean conservadas en los que nos escuchan, como la sal conserva los alimentos—.

Si todavía estás pensando sobre lo que acabas de leer, entonces te has percatado de que las mismas cosas que aplicaron para Timoteo aplican para ti también. Recuerda que lo que sale de la boca refleja lo que hay en tu corazón. Por lo tanto, la única manera de mantener el control de tus palabras es dejar que el Espíritu Santo tenga el control sobre toda tu vida.

En la parte final de la carta a los Colosenses, Pablo escribió que debían ser controlados por el Espíritu Santo, ¡así como la persona ebria es controlada por el alcohol! A Timoteo le gustó la ilustración y comenzó a pedirle al Espíritu Santo que controlara sus palabras más. ¡Es una buena idea!

CONDUCTA: COMPÓRTATE

Timoteo pasó tanto tiempo cerca de Pablo que podía imitar muchas de las idiosincrasias y gestos de Pablo. No hace falta decir, que el grupo de jóvenes de Timoteo recibió la pasión de las impresiones de Tim sobre Pablo. Una cosa que Timoteo tomó fue una frase que Pablo decía a menudo una y otra vez mientras le enseñaba: — ¡Compórtate de una manera digna del evangelio de Jesús!—. Timoteo podía decirla igual que como la decía Pablo. Y cada vez que Tim la repetía, se volvía más consciente de que necesitaba practicarlo.

Timoteo tenía que trabajar en eso de cómo comportarse en las situaciones más rutinarias, diariamente. Una noche, él estaba sentado frente a su computadora enviando mensajes a sus amigos y la madre lo llamó: — ¡Saca la basura, Timoteo!—

—Está bien, en un minuto—.

—Ahora, Timoteo. Necesito que hagas esto de inmediato—. Pero Timoteo simplemente la ignoró. Después de todo, ¿cómo puede ser insensible ella? Era obvio que él necesita satisfacer las necesidades de sus amigos. Él está conversando con sus amigos en línea.

Después de unos minutos se escucha: —Timoteo, si no sacas la basura en este mismo momento, vas a estar castigado sin esa computadora hasta que vayas a la universidad—. Timoteo se levantó y entró en la cocina, murmurando unas cosas en voz baja, mientras dejaba un rastro de mala actitud por todo el camino a través de la casa. Se puso en frente de la bolsa de basura y comenzó a sacar la bolsa fuera de la cesta. Mientras lo hace, algunas cáscaras de toronja y desechos de café se esparcieron en el suelo y Timoteo dejó eso allí.

—Recoge la basura del piso—, le dice su madre mientras lo supervisa, observando cada movimiento.

Timoteo expresa aún más su mala disposición y su madre confronta esa actitud y le dice que será mejor que cambie o sino va a pagar el precio. Ahora Timoteo siente que está siendo atacado y mal entendido, por lo que trata de explicar las cosas alzando la voz. Mamá se molesta aún más por esto y le advierte a Timoteo acerca de su tono. Timoteo se enoja más con eso, porque él cree que ella no lo está escuchando, entonces saca la vieja frasecita de: —Bueno, bueno, lo que sea—. Ya en este punto, mamá se siente totalmente irrespetada, por lo que le dice: —Tú necesitas controlar tu conducta, jovencito, porque esta no es la forma en que Jesús quiere uno de sus seguidores actúe—.

¡Ay! ¿Te ha pasado?

Timoteo ahora se recuerda de la frase favorita de Pablo: —Compórtate de una manera digna del evangelio de Jesús—, Tim sabe que algo tiene que cambiar.

Pablo le dijo una vez al grupo de jóvenes que la conducta debe estar "centrada en otros". Esto significaba que tenían que esforzarse para ver a otras personas como más importantes que ellos mismos. Él los desafió a no sólo ocuparse de sus propios intereses personales, sino a que también consideraran los intereses de los demás. Pablo sabía que si su conducta iba a ser como la de Jesús, entonces *sus actitudes tenían que ser como las de Jesús también*. Así que les recordó que Jesús tuvo una actitud "centrada en otros". Jesús estaba tan centrado en los otros que se redujo a sí mismo al nacer en un cuerpo de carne y morir en la cruz por los demás.

Cuando Pablo y Timoteo hablaron, Pablo le recordó a Timoteo que la conducta no era sólo acerca del comportamiento, era una cuestión de actitud *y* comportamiento. Si Timoteo quería que su comportamiento cambiara, entonces tenía que cambiar su actitud. Jesús tenía que estar en control de su cabeza, corazón y manos. Si no había un cambio de corazón, como resultado el comportamiento nunca cambiaría.

Pero exactamente ¿cómo empieza a cambiar un corazón? Si pensamos en términos de computadoras, podríamos decir que tenemos que programar nuestros corazones con las cosas correctas. Pablo escribió una vez: "Por lo demás, hermanos, todo lo que es verdadero, todo lo honesto, todo lo justo, todo lo puro, todo lo amable, todo lo que es de buen nombre; si hay virtud alguna, si algo digno de alabanza, en esto pensad." (Filipenses 4:8).

Las cosas sobre las que piensas y las cosas que escuchas afectan tu actitud. Me he dado cuenta que cuando intentas eliminar cosas de tu vida, es fácil terminar derrotado. Va a ser mucho más sencillo si utilizas el Principio de Sustitución del que hablamos en el capítulo de Santiago y Juan. En caso de que lo hayas olvidado, el Principio de Sustitución consiste en poner algo bueno o positivo en tu vida de manera que empuje hacia fuera o reemplace lo que es negativo. Por ejemplo, si dices que ya no vas a escuchar a tus amigos hablar mal de sus padres y piensas que es correcto, bien por ti. Pero esa perspectiva sólo se centra en lo que no vas a hacer. Ahora, añade algo positivo que *vas* a hacer. Una idea puede ser el pensar en maneras de honrar a tus padres. Reemplazo, ¡hazlo!

Ese es el punto al que Pablo quería llevarnos en Filipenses 4:8 cuando dice "en esto pensad". Puedes darte cuenta que el pensamiento cristiano conduce a una actitud que es cristiana y hace que te comportes como cristiano. Dios quiere transformarte, Él comenzó una buena obra en ti, recuerda.

Timoteo conocía las presiones de tratar de mantenerse cristiano en la escuela secundaria. Él sabía lo que era sentirse inadecuado y luego pensar que tenía que ser perfecto. Timoteo quería ser un ejemplo para los demás pero no sabía lo que en realidad eso significaba. Parecía una tarea abrumadora hasta que entró en las enseñanzas de Pablo. La clave era soltar la idea de la perfección y depender más de Jesús para que Él crezca en todo.

¿Es Timoteo tan diferente a ti? Era un verdadero adolescente con luchas. Por eso el consejo que le dio Pablo a Timoteo es el mismo consejo que te da a ti.

Lo bueno es que Timoteo terminó siendo un excelente pastor-líder en una de las primeras iglesias. Siguió el consejo de Pablo acerca de ser un ejemplo y depender de Jesús. Timoteo se mantuvo cristiano a través de la escuela secundaria y Dios continuó abriendo puertas de servicio para él. El plan de Dios es el mismo para ti.

¡Piénsalo!

Si tú quieres mantenerte cristiano en la secundaria, no trates de ser perfecto, sólo sé dependiente (de Jesús).

PARA PENSAR

1. Vuelve a la lucha de Lisa al principio de este capítulo. ¿Alguna vez te has sentido como se sintió ella acerca de tener un "gran testimonio"?

2. En tu opinión, ¿cuál es la diferencia entre tratar de ser perfecto y la búsqueda de la excelencia a través de la dependencia de Cristo?

3. ¿Estás de acuerdo en que nuestro testimonio cristiano se trata más sobre permitir que otros puedan ver nuestros defectos? ¿Qué sucede en tus relaciones cuando revelas tus defectos?

4. ¿Cuál es su definición de la palabra santificación? ¿Cómo ves este proceso trabajando en tu propia vida?

5. ¿Cuál es tu "aguijón en la carne"? ¿Cómo te hablan al respecto las enseñanzas de Romanos 7 y 8?

6. ¿Qué tan realista es pensar que un adolescente puede crecer y hacerse fuerte en las Cinco Grandes? ¿Cuál es tu experiencia con las Cinco?

7. ¿Qué significa "depender de Jesús" para ti? Piensa: ¿Cuándo ha llenado Jesús tu necesidad más poderosamente? ¿Cómo podría esa experiencia del pasado darte esperanza para el futuro?